ロバのアメリカ横断自転車旅行

息も絶え絶え旅日記

石岡通孝

未知谷
Publisher Michitani

まえがき

この本は、七十一歳の筆者が、二〇一九年四月十七日から八月十三日まで、自転車でアメリカ大陸を横断した、五、四二三キロ、一一九日間の旅の記録だ。サンタモニカからルート66を走って、セントルイスを過ぎた辺りで方向を東に変えて、ラストベルト、錆びた工業地帯の近くを通ってニューヨークに向かう旅だった。

かつてはアメリカの繁栄の象徴だったルート66は衰退してしまったこともあって、さびれきった町並みや朽ち果てたホテルの残骸などを眺めながらラストベルトに向かったが、ここでも地域の再生に苦しむ姿を肌に感じながら走った。アメリカのいわば裏街道の旅をつづけ、到着地のニューヨークでも貧困層が多く住む地域に滞在したこともあって、アメリカの豊かで、きらびやかなイメージとはまったく異質な印象を受けつづけた。

筆者が自転車に魅せられ始めた五十歳の頃にまず頭に浮かんだのは、いつの日にか自転車でルート66を走ってみることだった。ルート66が輝いていた、未来への希望に満ち溢れていた時代の痕跡をこの目で見て、もう一度その時代に舞い戻ってみたいというほのかな思いがあったからだ。そのアイデアは当時の自分にも体力的にとても手の届きそうもない、はかない夢のように思えた。それに加えてアメリカの治安の悪さもあって、いったんは完全にあきらめてしまった。ところが、そのうちに消えていた夢が再び少しずつ膨らみ始め、思いついてから二〇年ほど経ってやっとその夢にチャレンジすることになった。

旅は、前日買ったハンバーガーをほおばりながら、苦しい走行に疲れはてた体をホテルで休めるだけの日々となった。予想を上回る旅の厳しさに前半はなんとか気力で持ちこたえていたのだが、終盤になると失速し始めて最終の目的地ニューヨークに着く前には息も絶え絶えといった状態となっていった。

過酷そのものの旅になったこともあって、この本にはその時の苦しみや悩みを延々と書き綴っているが、アメリカの空気に触れていくにつれてアメリカ社会の姿が浮き彫りにされていくこともあって、折に触れて感じたことを書き留めるようになっていった。

アメリカについて十分な知識もない素人の皮相な観察に終わっているかもしれないが、かつては運動嫌いで旅嫌いだった筆者が、アメリカでなにを思い、なにを感じながらそのつらい旅をつづけたのか、この本を通して追体験していただければと思っている。

ところで、表題に使った「ロバ」について一言書いておきたい。外国のことわざにはロバは愚鈍なものの象徴としてよく登場するが、このロバはスペインのことわざ「ロバは旅に出たからといって、馬になってもどりはしない」からとらせていただいた。

ロバのアメリカ横断自転車旅行

目次

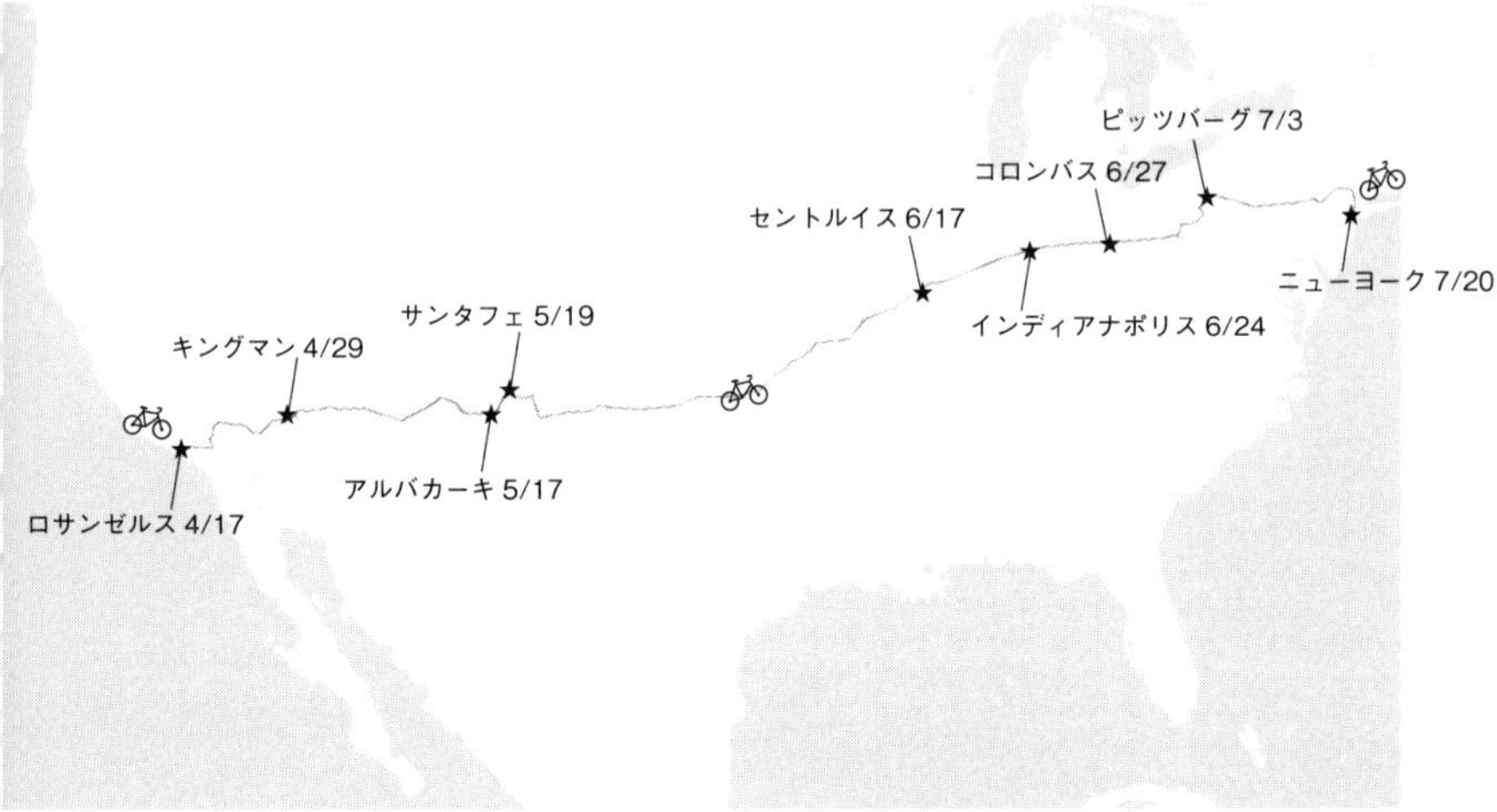

ロサンゼルスからニューヨークへ　大陸横断ルート

ロバのアメリカ横断自転車旅行

息も絶え絶え旅日記

第一章　陽光に輝くサンタモニカ

4月17日（水）

午前九時過ぎ、ロサンゼルス国際空港に到着。アメリカは今回で三回目の訪問だが、最初の入国の時、女性担当者の居丈高な感じの審査だったこともあって、緊張しながら入国審査のフロアーに向かう。

硬くなりながらパスポートなどを審査官の前に差し出すと簡単なやり取りだけで、あっけなく審査が終了したので、少し拍子抜けする。ビザを使っての入国は、審査も簡単らしい。

バゲージ・クレームで、自転車用の大型バッグ二個とタイヤ二本を受け取り、出口に向かう。出迎えの人たちが大勢待ち構える出口から外に出ると目の前は車の乗り場だ。バスや業務用のバンなどが止まったり、発車したりする音が鳴り響き、辺り一帯はもうカオス状態だ。

初夏を思わせる気温の中、荷物を引きずりながらlaxshuttleという表示のあるバスに乗り込み、しばらく走った後で、サンタモニカ周辺をカバーしているビッグ・ブルー・バスに乗り換える。

高速で走る車に溢れる窓外の光景を眺めているうちに四〇分ほどするとサンタモニカに到着。

サンタモニカはロサンゼルスの西にある、ビーチで有名な観光地だ。陽光が散乱し、リラックスした表情で歩く観光客で溢れる通りは、いかにもリゾート地といった雰囲気だ。しばらく歩いてユースに到着。

チェックインを済ませ荷物を部屋に置いた後は、さっそく少し南のオーシャン・パークにあるバイクショップに向かう。

光の溢れるビーチ沿いの通りを歩き始めるとサンタモニカのシンボルになっているサンタモニカ・ピアの姿が現れる。辺りには南国の樹木が生い茂っていて、いかにも異国の雰囲気だ。タイヤ二本を肩に担いで一マイルほど歩いて、バイクショップに到着。

昨年、旅の計画をし始めた頃、サンタモニカで自転車を購入することにして、現地のバイクショップにメールを送り、返事をもらえたのが三軒目の台湾メーカーのジャイアントを扱っているショップだった。「日本から自転車を注文していたんだけど」と店のスタッフに声をかける。

「用意できてるよ」さっそく注文していた自転車を確認した後は、持参したタイヤへの交換を頼む。わざわざ日本からタイヤを持ち込んだのはパンクに強いタイプのものを使いたかったからだ。自転車錠、ヘルメット、ポンプ、バッグを積むための荷台なども購入して、今日の仕事は終了。

ショップを出て、そのままユースに歩いて戻る。寝不足の上にサンタモニカまでのバスでの移動、自転車の購入などに動き回ったのでもうクタクタ。ベッドにころがっているうちに爆睡、午後七時すぎ、やっと目を覚ます。

部屋は二段ベッドが四組で、向い側のベッドにいるのはオーストリア人のクリスという男性だ。

サンタモニカのシンボル、桟橋の入り口

「観光で来てるの？」と話しかける。

「アメリカをトレッキングして縦断するつもりなんだよ」

「どのルートを歩くの？」

「パシフィック・クレスト・トレイルという自然道だよ。まず南のサンディエゴまで行って、そこから五か月かけて、自然道を北のトロントの辺りの目的地までトレッキングするつもりなんだよ。四、三〇〇キロあるかな」クリスは痩身長躯で、仙人みたいに長く伸びた顎髭をしていて、まるで苦行僧を思わせる風貌の男だ。重い荷物をかついで歩いての旅だから厳しいものになるはずだが、まさに彼の雰囲気に似つかわしい旅だ。

4月18日（木）

サンタモニカ滞在二日目。

ずっと旅行の準備に追われつづけて強いストレスがかかっていたらしく、出発の一か月ほど前から寝汗をかいたり、夜中にたびたび目が覚めたりすることがつづいていた。それに、時差ボケが加わって疲れがひどいので、午前中はベッドに寝たままで過ごす。なんとか二日後の出発日までに少しでも体調を取り戻さなければならない。

昼過ぎ、バイクショップで自転車を受け取る。あとはいよいよ出発するだけとなったが、旅への不安がつきまとって息苦しい気分のままだ。

空港からの途中、車の溢れる道路を眺めているうちにこんなに混雑した道路を自転車の長旅ができるのだろうかと不安に襲われてしまったが、それまで地図の上でしか考えていなかった観念的な旅のルートがいきなり現実感を帯び始め、圧倒的な質量感をともなって、いきなり体全体に重くのしかかってきたという感じになってくる。これから自分の前に立ちはだかる砂漠や荒野を貫く道路、起伏の激しい山道などが脳裏に浮かぶたびにその重圧感に押しつぶされそうになってしまう。

旅の計画を立てている時はそのことに集中していたためか、旅にともなう危険性についてそれほど真剣に向き合うということはなかったのだが、いざ実行の段階になってくると、急に冷静さが戻ってきて、ひょっとしてとんでもなく無謀な旅をやろうとしているのではないかと自分の判断力まで疑いたくなるような気分になってくる。そんなこともあって、不安な心をかかえたままユースのベッドで寝て過ごすだけだ。

最初にこの旅を考え始めた時に思いついたのはルート66を走るということだった。

ルート66は、イリノイ州シカゴとカリフォルニア州サンタモニカの間を結ぶ高速道路として、一九二六年から一九八五年の間、アメリカの繁栄を支えつづけた全長三、七五五キロの道路だ。ルート66はインターステート・ハイウェイ（州間高速道路網）の登場によって、その役割を終えてしまったが、かつてアメリカが繁栄した、古き良き時代のシンボルだったこともあって、ノスタルジーを感じさせる道路として、今でも根強い人気を持っている。以前からこのルート66を走ってみたいという気持ちがあって、年を追うごとにその思いを抑えきれなくなったのだ。

この旅は、サンタモニカからセントルイス辺りまでルート66を自転車で走って、体力の限界を感じた場合には、その先のシカゴで自転車の旅を終え、そこからは列車でニューヨークに移動して帰国するというのが基本的な計画だ。そして、セントルイス辺りまで走った段階で、もし体力が残っていれば、その辺りからルート66を離れて、東のニューヨークまで自転車の旅をつづけることにした。

やはりアメリカを走る以上は、ニューヨークまで行ってみたいし、一方では体力的なことも考えて、現実的な二本立ての案を考えてみたのだ。

ルートについては、そのほかもモハーヴェ砂漠の辺りをどう走るのかで出発ぎりぎりまで悩みつづけた。

ルート66はモハーヴェ砂漠を通っているのだが、かつてのルート66のこの辺りの町はいまではゴーストタウンになってしまい、モーテルや店がほとんどない状態だ。水や食料の補給が難しくて、野宿するしかない。おまけに車もあまり通らないような所なので、もしアクシデントでも起きれば命を危険にさらすことにもなりかねない。

ルートのこと以外にも、心配なことがあった。以前は自転車に乗るのが習慣になっていて自転車は身体の一部みたいになっていたのだが、旅の二年ほど前から、自転車に乗ることがほとんどなくなっていたことだ。

きっかけになったのは足の衰えを感じるようになって、ウォーキングを始めたことだ。午前と午後、自宅から二キロほど先のマクドナルドまで歩き、そこでコーヒーを飲んで一休みした後、自宅に歩いて帰るのが日課になった。

ウォーキングを開始して四か月ほどすると一四キロの減量という予想もしなかった結果がもたらされた。それまで何度もトライしては失敗を繰り返していたダイエットに成功したこともあって、いよいよウォーキングがやめられなくなって、その分自転車から遠ざかることになったのだ。

そんな訳で、この二年ほどは、旅に備えてのトレーニングどころか、自転車に乗ることさえほとんどなくなってしまったので、はたして体力が持つのかという不安が頭から去らないのだ。

いよいよ、これから旅が始まるわけだが、ルート66の起点になるサンタモニカを出発した後はロサンゼルスを東に向かい、出発当日はアズーサ、その翌日にはサンバーナーディーノに泊まることにして、ネットでモーテルを予約する。

4月19日（金）

サンタモニカ滞在三日目。

今日は朝から曇り空だ。いよいよ明日は自転車の旅のスタートとなった。

心配なのは疲れが残ったままで走ることだ。サンタモニカに着いてから時差ボケで夜はほとんど眠れないので、このままでは睡眠不足の出発になってしまう。若ければともかくこの年齢となると、なんともつらい出発になってしまいそうだ。

夕方、街を散策してユースに戻ってくると玄関の前に長距離旅行の装備をした自転車のそばに六十代のアジア系男性がいたので話しかける。「昨年、東海岸を出発して、大陸横断をしてきたんだよ」東海岸に住んでいるベトナム人で、厳しい旅を経験してきたはずだが、淡々と旅のことを語る様子が自信に溢れていて圧倒されてしまう。これから始まる長い旅に不安だらけで過ごしていることもあって、男性をつい見上げたくなるような気分になってくる。

いよいよ、明日は出発となったが、旅のことを考えていると心の中には不安が広がってきて、相変わらず息苦しさを感じたままだ。

毎日、自転車で走るとなると当然のことながら交通事故に遭う危険性は高くなる。さらに年齢的なことを考えると不意の病に襲われる可能性も高くなる。普段からいつもおそれている突発性の病名が次から次へと頭に浮かんでくる。おまけに人家もない辺りを走ることになるので、危険度はさらに高くなる。

とにかくアメリカでは救急車を呼ぶのも有料、救急車の中で応急措置を受けても別に金がかかる。さらに治療費は目の玉が飛び出るくらいの高額だ。

ここまで考えるといくらアメリカを自転車で走ってみたいという夢があったとしても、常識のある人だったら、さすがに尻込みしてしまうはずだ。「年甲斐もなく、アメリカを自転車で一人旅をするなんて、頭の中はいったいどうなってるの?」と一笑されるような愚かなことにチャレンジしようとしているのかもしれないと考え出したりして落ち込みそうになってくる。

第二章　ロサンゼルスを東へ

4月20日（土）

いよいよ、自転車の旅の始まりだ。今日の目的地はアズーサだ。朝五時過ぎ、緊張しながら外に出るとまだ暗い。車が少ないのにホッとしながら、自転車に乗り、ゆっくりと進み始める。後輪の両側に大型のバッグを載せているので自転車が重く感じる。おまけに大型のザックを背負っているので、体には重しがつけられたようなものだ。これから無理やりにでも体を慣らすしかない。

走り始めて間もなく道がわからなくなる。行ったり来たりを繰り返す。出発して間もないので、さすがに焦り始める。

なんとか道を見つけてビバリーヒルズのそばを通って、ウェストハリウッド、リトル・アルメニアを通り過ぎて、やっとユニオンステーションの辺りに着く。この辺りから北東に十数キロほど離れたパサデナに向かうため、目印にしていたリンカーンパークを探すが、見つからない。とりあえず北の方へ向かって進むが、そのうちいったいどこを走っているのかわからなくなる。

いつまで経ってもどこをどう進めばいいのかわからないままに焦るばかり。久しぶりに自転車で走ったこともあるが、時差ボケで眠ってないこともあって、疲れがたまっているらしく体が動かない。

ベンチを見つけて、体を投げ出すようにして坐り込む。これから先どうすればいいのかわからず、完全にお手上げになってしまう。

この調子ではアズーサのホテルにはたどり着けそうもない。半ばあきらめて、今夜はどうすればいいのかと考え出したりするが、疲れがひどいこともあって、頭が回らない。

重い体を引きずるようにして人を見つけては道を尋ね回る。

コロラド・ブールバードを進み始めると三、四キロほどでパサデナに着く。一時はとてもたどり着けそうもないと思い込んでいたこともあって、あまりのあっけなさに拍子抜けする。パサデナからは東に向けて走る。緑に囲まれた豪壮な住宅が立ち並ぶ辺りを通り過ぎる。この辺りの邸宅のつづく並木道を眺めながら走っているとアメリカの豊かさを見せつけられる思いがする。

しかし、いずれこの世を去らなければならないということをいつも心の中で考えながら過ごしている自分にはこれらの大邸宅を眺めていてもどこか蜃気楼でも見ているような気分になってくる。

仏教的な世界になじんでいる自分には「死ぬときにはあの世まで持っていけるものじゃなし」という考えがまず頭に浮かぶのだが、こちらの人たちが豪邸などに執着するのは、やはり来世を信じる一神教の考え方が根底にあるからのような気がする。

ローズボウルのスタジアムのそばを通り過ぎてしばらくすると、少しずつアズーサに近づいているらしいので、少し体が軽くなってきたようだ。

緑が広がり、広い道路の両側に立派な住宅が並ぶ、なんとも見事な通りを走りつづける。

朝は肌寒さを感じるほどの曇り空だったのだが、午後遅くなると青空が広がって日が差し始める。

町並みが延々とつづくモンロビアから、次のドゥアーテを通り過ぎると、いつの間にかアズーサに着く。午前中は苦しい走行で、いったいどうなることかと頭をかかえてしまったが、なんとか目的地に着いたので胸をなでおろす。

予約していたモーテルに到着。インド人の経営するモーテルだ。

老年のインド人女性が現れ、宿泊カードを渡される。必要事項を書き込んでパスポートと一緒に渡すとその女性は記入した電話番号に実際に電話をかけているらしい。携帯電話は旅行には持ってこなかったので、電話がかからないと知ったその女性がいったん引っ込むと、今度はその息子らしい、人相の良くない中年のインド人の男性が出てくる。

いかにもこちらを怪しむような表情になって、問い詰めるような話し方をしてくる。

相手を安心させるために「カードはいつも使っているので問題なんかないよ」と少しムッとしながら言ってやると今度は渡したパスポートの内容を念入りに確認しながらパソコンに入力し始める。そのうち紙とペンを渡して「住所をここに書いて！」と命令口調。パスポートに記載している住所が実際に書けるかどうかを確かめているらしい。

猜疑心丸出しの態度に少し不愉快になる。日本で同じような経験をしていたら、怒鳴りつけたくなるような失礼な接客態度だが、アメリカではこれが当たり前のことかもしれないと我慢する。

なんとかチェックインした後は、近くのメキシコ料理のレストランに入る。午前中は疲労がひどくて、体を動かすのもやっとといった状態だったのだが、その後はうまくいったこともあって、初日の走行を祝ってビールを飲みながら食事。

今日は、午前中で早くもダウンしてしまったが、午後はなんとか体調も戻ってきた。これから、少しずつ体を慣れさせていかなければならない。

今日の走行距離八六km、累計は九二km。

4月21日（日）

朝六時すぎに出発。外はまだ薄暗い。分厚い雲が空を低く覆っていて、遠くに見える山脈の頂上は雲に隠れている。今日は東のサンバーナーディーノに向かう。昨日はロサンゼルスの中心部を通り抜けるのに苦労したが、今日は大都市圏から離れてきたので走るのも少し気が楽だ。

しかし、走り出すとすぐに息切れがしてくる。まだ時差ボケが残っていて、あまり眠れないので体調が戻ってないようだ。

サン・ディマスからボニータ・アベニューを見つけて走り出すが、これが素晴らしい道路だ。車も少ないので走るのには最高の道路だ。この道路がなくなったと思っていたら、パシフィック・エレクトリック・トレイルが始まる。道の両側に並んでいる家々の立派なこと、さすがにうらやましくなる。ラ・バーンを通って、クレアモントに着く。ランチョクカモンガをいつの間にか通り過ぎて、もうフォンタナだ。平坦で、サイクリング用の道路なので、車の心配もしないで快適に走れたこともあって、予想外に早く進めたようだ。午前一〇時頃になって青空が広がり始める。

リアルトで昼食をとって、フットヒル・ブールバードを走って、やっとサンバーナーディーノに到着。ホテルを探し回りながら進むが、ホテルが遠すぎて、どう進んでいいのか見当もつかない。

周りには質素な感じの住宅地が広がっているだけだ。いかにも乾燥した土地らしく、庭にも緑が少なくて埃っぽい感じがする。サンバーナーディーノは全米でも犯罪の多い都市の上位にランクされるほど治安が良くない所だが、辺りにはゴミが散らばったりしていて、やはり少し荒んだ雰囲気がする。

予約しているホテルは巨大なフリーウェイが交錯している辺りにあるので、そこへ行くための一般道路を探し回るが、なかなか見つからない。

北の方に進み、ハイウエイに囲まれた一帯でホテルを探し回り、やっとホテルを見つけて、午後五時にチェックイン。ホテルまでの道順が複雑すぎて、たどり着いた時にはもう疲労困憊の状態。毎日こんな調子がつづくようではこれから先どうなるのか不安が渦巻くばかり。ホテルのそばにタコスのファストフード店があったので、食べてみるがまったく口に合わない。

サンバーナーディーノはモハーヴェ砂漠の端に位置していて、ルート66の要所として発展してきた町だ。東の方に黒ずんだサンバーナーディーノ山脈のそびえ立つ姿が圧倒的な迫力を感じさせるが、それを眺めるうちに旅の不安が高まってくる。

今日はホテルを探すのにさんざん苦労させられた。日本を出発する前、スマホを持参するつもりで購入を検討してみたのだが、時間切れであきらめてしまった。スマホを持たないで自転車旅行に挑んだのはやはり失敗だったようだ。

今日の走行距離は七八km、累計は一七〇kmとなった。

4月22日（月）

今日の目的地ビクタービルは標高があって苦労させられそうなので、まだ薄暗いうちに気持ちを引き締めて出発。しばらく北西に進んで、かつてのルート66のケイジョン・ブールバードを進み始める。ゆるやかな傾斜が延々とつづく、ほぼ直線の道路だ。

相変わらず、体調が良くないので、少し走っただけで疲労が激しくなる。車の渋滞がひどくなり、車の行列がつづく。やがてケイジョンに着いたらしい。ここでケイジョン・ブールバードが終わるので、車がいっせいに右折して、高架の下を通り、インターステート15号線に移動し始める。

車の進入していくインターステートは、片側五車線で、大型トレーラーが次から次へと爆走している。それを一目見ただけで怖気づいて、立ち止まってしまう。「これはまずい！　15号線の他にも小さな道路があるはずだ！」と考えながら、停車中の車のそばにいた中国人らしい男性に声をかけるといきなり「あっちに行け！」と怒鳴り飛ばされる。

道を教えてもらうつもりだったのだが、どうやらヒッチハイクを頼んでいると勘違いされたらしい。辺りを見渡しても他に道が見当たらないので、覚悟してインターステートへ入る。おそるおそる走り始める。路側帯は三メートルほどもあるので少し安心だが、すぐそばを大型トレーラーが轟音を立てながら爆走していくので体が縮み上がり、タイヤの路面をこする金属音が神経に刺さって、恐怖心をさらに煽り立てる。

15号線はこの辺り一帯に広がっている山脈の斜面に延びていて、道路には傾斜があって周りには遮るものがないので、強い向かい風をもろに体に受ける。

自転車ではとても走れないので、しかたなく自転車を下りて、勾配のつづく道を自転車を押しながらゆっくりと歩いて進む。体調が芳しくないこともあって、疲労が激しい。強い日射を浴びながら荷物で重くなった自転車を押しながら歩くので、汗が体の表面を滝のように流れ落ちる。

双方向の車線はいつも隣り合わせに通っているわけではなく、所によっては道路の間隔が大きく離れたりする。山肌にゆるやかなカーブを描き、起伏を繰り返しながら遠くまで延びていく道路の姿を目にするとその雄大さに息を呑んでしまう。

たえずミネラルウォータを口にしているのだが、気温が高くなってきたので、すぐに激しい喉の渇きが襲ってくる。水が切れるのが心配になって、少しずつ口に含むようにして、飲む量を節約する。激しい陽射しにさらされ、強風に翻弄されながら、長時間歩きつづけているので、熱中症で倒れるかもしれないと命の危険を感じ始める。

インターステートは日本の高速道路にあたる道路なので、道路は周囲から遮断されていて道路の外側との出入りができない。それに、サービスエリアみたいなものがない。サービスが必要な場合には、適当な出口を見つけて、外に出るしかない。手持ちの水が乏しくなったので早く手に入れたいのだが、いくら進んでもその出口が見つからない。

喉の渇きを我慢しながら進んでいくうちに、午後三時頃になって、ケイジョンの頂上の標識を見つける。この辺りの標高は一、三〇〇メートルだ。この辺りで下り坂が始まりそうだ。予感が当たって、待望の下り坂になる。ホッとしながらやっと自転車に乗って坂を下り始める。間もなくオーク・ヒル・ロードの出口の標示が見え始める。

「助かった！　これで熱中症の心配がなくなった！」危機が去ったので、嬉しさのあまり飛び上がりたくなる。

この出口はシェブロンという所らしい。とにかくここから外に出るしかない。大急ぎで出口から出てみるとガソリンスタンドとコンビニだけがぽつんとある寂しい所だ。さっそく、コンビニに飛び込んで、ミネラルウォータとアイスクリームを買い、テラスの椅子にへたり込む。

ビクタービルへの道を店員に尋ねると「そこの道をいけばいいよ。あと十数マイルかな」と店の前の道路を指さす。

ビクタービルまでは思っていたより近い上に道がわかったので、いっきょに開放感に満たされる。疲れもひどかったのだが、とてもたどり着けそうもないと思い込んでいたビクタービルに近づいたこともあって、体が軽くなったようだ。

休憩し終わって、コンビニの前のマリポーザ道路を走り始める。古くて傷みがひどい道路なので走っていると振動がすごい。しかし、車が少ないので、ゆったりした気分で二時間ほど走りつづけて、ビクタービルの中心に到着。

ビクタービルは、モハーヴェ砂漠の南端に位置していて標高が八三一メートル。山の中のひなびた所という思い込みがあったのだが、結構大きな町だ。一時はどうなるのかという状況になってしまったのでホテルに着いた時には胸をなでおろす。

部屋に入って、さっそくシャワーを浴びると腕や足の皮膚に痛みが走る。ジーンズに長袖シャツで走っているのだが、長時間強い日差しにさらされているので、日焼けで皮膚が赤くなっている。

サンタモニカを出発してからは、連日目的地に着けるかいつも焦りながら走るような旅になってしまったが、これからも毎日こんな状態がつづくかと思うとさすがに気が重くなってくる。

今日の走行距離五六km、累計は二二六kmとなった

4月23日（火）

早朝、バーストウに向かって北に向かって進む。やがて古い町並みが現れる。かつてルート66が繁栄した時代の建物だ。古ぼけた店舗が並んでいるが、現在の町の中心はホテルのあった南の方に移っているらしく、辺りは活気を失って、まるで映画のセットのような雰囲気がする。通りの突き当りで左折して、ナショナル・トレイルズ・ハイウェイ、かつてのルート66を進む。

周りには赤茶けて、乾燥しきった大地が広がり、いかにもモハーヴェ砂漠の中を進んでいるという感じになる。しばらく進むとオロ・グランデという小さな町に着く。かつては金銀の鉱山があった所だが、いまは石油精製施設みたいなものがあるだけの人口千人ほどの小さな町だ。ここを通り過ぎて、さらに進んでいくと所々に道路から少し引っ込んだ辺りに小さな集落を見かけるが、やはり活気がない。

周りは黄土色の土に灌木がまばらに生えているだけで遠くを見ても地肌をむき出した山々が延びる荒涼とした光景が広がる。そのうち気温が上昇して、暑くなってくる。日陰を探すが、樹木らしいものが見当たらないので、しかたなく電信柱を見つけてはその陰で休む。

熱中症が怖いので、頻繁にソフトドリンクを飲みつづける。

普段はソフトドリンクはあまり飲まないのだが、自転車の旅をしている時だけは別だ。走っている時はまともな食事ができないことが多いので、エネルギー補給のために二リットル入りのボトルで大量に飲む。なにも口にしないまま走りつづけていると、低血糖状態になって、ダウンしてしまうからだ。

午前一〇時頃、ヘレンデールに到着。やっとレストランを見つけて、待望の朝食にする。

昨日はカメラのメモリーカードの具合が悪くなったが、今日は自転車のスピードメーターが反応しなかったり、ペダルから異音がし始めたりして、あわてる。やはり旅先で装備品の調子が悪くなると不安になってくる。

夕方、バーストウのホテル着。ホテルのプールで子供たちが水遊びしている姿を見てショックを受ける。気温が32度、これでは真夏だ。まだ四月なのにこの気温では、これから先のことを考えると暗澹たる気分になってしまう。

時差ボケ状態も解消しないままにサンタモニカを出発して、猛暑と強風の中、高低差の激しい道路を走りつづけているので、かなり疲れがたまっている。明日は休養日にして、体調を回復させることにする。

今日の走行距離六七km、累計は二九三kmとなった。

4月24日（水）休息日

バーストウ滞在二日目。

今日は、疲れをとるためにゆっくりして過ごす。

しかし、今日も強烈な日差しが降り注ぐ真夏の暑さだ。まさか四月からこんな暑さを経験することなど想像の他だったのでショック。この時期でこの気温では、これから夏になっていくと、いったいどうなるのかと考え出すと不安が高まってくる。

睡眠が十分とれないこともあって、疲労も激しいので、毎日の走行する距離をできるだけ抑えて、体力を回復させるしかない。しかし、町と町の間には距離がある上に、途中にホテルがあるわけではないので、簡単にはいかないのがつらい。

これからモハーヴェ砂漠の中を進んでいくのだが、しばらくすると町らしい町がなくなるので野宿するしかない。砂漠の中の人家もない所を走ることになるが、車も少なくなるので、不測の事態にでもなったら助けを求めようにも周りに人がいないことになる。命に関わりかねないので緊張する。

それに、なんといっても店がまともにないのが困る。レストランがなくても、チョコレートやビスケットを食べていれば、しばらくはなんとか耐えられる。しかし、いちばんつらいのは水の入手が難しくなることだ。

食料はともかくも、とにかく水だけは切らさないように、大量のミネラルウォータを運ぶしかない。

この旅を全体的に見てみると難所が集中してるのは出発地点のカリフォルニア州から隣のアリゾナ州、そしてニューメキシコ州の辺りだ。旅の序盤から、いきなりいちばん厳しいこの西部の三つの州を走ることになるが、その中でも、いま走っているこのモハーヴェ砂漠がおそらく最大の難所になるはずだ。

無事にモハーヴェ砂漠を通り過ぎることができるか、体力に自信があるわけではないので、緊張感が解けない。


少し落ち着いてくると頭に浮かんでくるのは日本で日課にしていたウォーキングの途中で出会う四匹の猫たちのことだ。とにかく、一日も猫に会わないでいることなど考えられないほどの重度の猫依存症なのだ。

出発前年の九月頃、ウォーキングをしていた時、いつも前を通る小さな観音堂の辺りに茶トラの猫がいるのを見つけた。顔見知りになった猫好きの女性に聞いてみるとお堂に住んでいるトラ吉と呼ばれる地域猫だった。賽銭箱の上で昼寝したりして、地域の人たちにも可愛がられていた猫ということもあって、毎日のウォーキングの途中ではエサをあげたり、体をなでてやったりして、急速にトラ吉に親しんでいった。

その近くには、別の猫も住んでいた。トラ吉の写真を撮っていた男性がいたので声をかけたのがきっかけで知り合いになったタイ国からの留学生チュンさんが教えてくれた猫だ。飼い猫なのだが、普段は飼い主さんの家のそばに放し飼いにされているチャーとポコという老齢の姉妹の猫たちだ。なんとも人なつっこくて、温和な猫たちだったので、すぐに慣れ親しんだ。

トラ吉を知ったのと同じ頃、さらにもう一匹の猫と出会った。

竹下駅そばの踏切の辺りを通ろうとした時、高架の下辺りで一匹の小さなキジトラの猫が坐っているのを見かけるようになった。推定年齢は六か月くらいに見えた。

車道と歩行者用通路に挟まれた、鉄パイプで仕切られた狭いスペースに坐っていたのだ。一種の安全地帯といっても、車道は車が多いし、歩行者用の通路にはひっきりなしに自転車が行き来するなんとも危険な場所だった。警戒心の強い野良猫がこれだけ人通りの多い場所にじっとしているのは、通行人からエサをもらうためだったらしく、なかなか賢い猫のように思えた。

ある日、この猫が歩行者用通路の片隅に自転車を避けるように縮こまっている姿を見た時にはさすがになんとか面倒をみてやらなければという気持ちになり、一日四回そこを通るたびに猫がいるとエサをやるようになった。

まだ小さかったので、チー君という名前をつけた。チー君はこちらが近づくのを見ると、鳴き声を上げながら、駆け寄ってくるのがなんとも嬉しかった。そんなこともあって、今日もチー君に会えるかなと考えながらいつもの場所に向かっている時は、幼児の頃の自分に戻って、いつも遊んでいる友達に会いに出かけるような気持ちにさせられた。

そのうち、エサをやる場所があまりにも人通りの激しい所なので、すぐそばの空き地に連れて行って、そこでエサをあげるようになった。

ところがチー君には、空き地に行く時、車のひんぱんに通る車道を突進して横切るという困った癖があった。実際、車に接触したことがあったりして、いつも冷や冷やさせられた。

そろそろ旅の準備で忙しくなってきた出発の年の一月六日の夕方、いつもの場所にいたチー君と一緒に空き地に行こうとして道路を渡りかけた時、チー君はいつものように道路を駆け足で横切り始めた。ところが、その時車が進んで来たのだ。

チー君のことを気にかけてくれたりしているので顔見知りになっていた猫好きの中年女性がたまたま通りかかっていて、突進し始めたチー君の姿を見て、二人で「あーっ、危ない！」と叫ぶ。その時、近づいてくる車を避けるように少し斜めに駆け抜けようとしたチー君はそのまま車に吸い込まれるように車の陰に消えていった。

その瞬間、鈍い大きな音とともに一瞬車体が揺れ、その後車は速度を少し落としながら踏切に向かってカーブしていった。車が通り過ぎた後はまるで神隠しにでもあったかのようにチー君の姿は忽然と消えてしまった。

「あれっ！　どうしたの！　猫はどこに行ってしまったの！」女性が叫ぶ。

「車に巻き込まれたのじゃないの！　でも、どっちにしてもあの様子ではあの猫ちゃんの命はないわよね」女性は興奮しながら言う。チー君が車に接触したのはどうやら間違いないようだったが、車に驚いたチー君は逃げてしまったのかもしれないと思い、チー君の名前を呼びながらそばの建物や空き地の辺りを探し回った。しかし、チー君の姿が見つからないままにあまりのショックに呆然としながらその場を離れ、そばの公園に行った。そしてベンチに坐って、直前に眼前で起きた出来事を自分にわからせようとした。少しでもチー君が生きているチャンスがあるならばと祈るような気持ちで先ほどの光景を思い返しながらチー君が生きている可能性を見つけ出そうとしたが、そばにいた女性の言葉が頭の中を駆けめぐりつづけ、車に巻き込まれてしまったという見方のほうが正しいように感じられた。

野良猫ということもあって、不憫に思う気持ちが強かったためか、格別に可愛がっていたチー君を失って、自分の周りの世界が一瞬にして崩れ去り、心が鉛のように重く感じられて、もうもとの自分には戻れないという思いが心を支配してしまった。

その翌日、ひょっとしたらチー君は生きているかもしれないとわずかな望みをもって現場に行ったのだが、チー君の姿はなく、やはり巻き込まれてしまったのだという残酷な結論を受け止めざるを得なかった。そして、チー君が車に巻き込まれたのは、チー君の突進して横切る癖を知りながら、自分が空き地に連れて行くのを止めなかったからだという思いが心に重くのしかかり、自分を責めつづけた。

その事件の後も三匹の猫たちに会いにいく日課は欠かさなかったが、チー君のことを思い出すのがつらすぎたこともあって、踏切の辺りを通るのを避け、別の道を通るようになってしまった。

旅の出発の前日の四月十六日の夕方、旅への出発の挨拶をするために三匹の猫たちに会いに出かけた。その帰り道、チー君の冥福を祈るために久しぶりに踏切を通ってみることにした。三か月ぶりに自転車を押しながら踏切を渡って、安全地帯の方に向かっていくとそこに一匹の猫が坐っているのに気づいた。チー君によく似たキジトラの猫だ。一瞬目を大きく見開きながら、しっかりその風貌を見つめるとチー君の特徴だった左目の瞳に薄い膜のかかったような目だ。一回り大きくなってもう立派な猫に成長したチー君の姿がそこにあったのだ。息が止まりそうになりながら「チー君、生きていたの！」という言葉が思わず、口から出た。

急いで自転車を近くに立てかけ、チー君のそばに駆け寄ろうとするとチー君はくるくると円を回るような奇妙な動きをしたとたん目の前から姿を消してしまった。

あっという間の出来事だったが、チー君はこちらの姿はもう忘れてしまったかのようだった。

しかし、チー君が生きていることがわかって、いままで自分をさいなみつづけてきた自責の念から一瞬のうちに開放され、まるで夢でも見ているような気分になって、喜びが心に溢れた、
帰宅する途中、旅から帰ってくればチー君とはまた会えるという喜びにひたりながら、それまで何度もチー君の冥福を祈っていた道祖神社に立ち寄り、チー君が生きていたことへのお礼を伝え、明日からの旅が無事であることをお願いした。

旅の前日に奇跡でも起きたかのような体験をしたこともあって、いつも頭の中を占めている走行ルートのことから解放されるとまず思い浮かんでくるのは、踏切のそばの安全地帯に坐っていた、立派に成長したチー君の姿だ。早く帰国して、チー君とまた一緒に戯れてみたいという気持ちでいっぱいなのだが、旅は始まったばかりだ。しばらく我慢するしかない。

第三章　灼熱のモハーヴェ砂漠を行く

4月25日（木）

四時起床。今日の目的地アンボーイはモハーヴェ砂漠の中のゴーストタウンになってしまった所だ。店が一軒だけあるらしいのだが、いよいよ砂漠の真ん中を進むことになるので緊張する。

まだ暗いうちにルート66を走り始める。ルート66とインターステート40号線は平行しながら東に延びていて、隣り合わせになっているかと思っていると、時折交錯したり、数キロも離れ離れになったりする。

道路の両側には、灌木が点在する黄土色の乾燥しきった砂漠が広がり、遠くには赤茶けた山脈が走り、ハーレーに乗ったバイク乗りのグループが次から次へと駆け抜けていく。いかにもアメリカの西部といった光景がつづく。

三〇キロほど走って、ニューベリー・スプリングスに着く。南には山脈がそびえ、周りには砂漠が広がっているだけの荒涼とした所だ。

バグダッド・カフェの看板のある店がぽつんとあるのを見つける。映画「バグダッド・カフェ」の撮影が行われたこともあって、観光客が立ち寄る名所になっているらしい。

店に入るとカウンターの向こうに二人の男がいる。カウンターの前に坐り、さっそくオムレツを注文。

「オムレツは得意料理なんだよ」とひげ面で六十代くらいの男性シェフ。

間もなく、至極まともそうなオムレツが出てきたのでホッとする。口にすると自慢しているだけあって合格点だ。

「あんた日本人だろ。俺は日本に住んでたことがあるんだよ」料理を食べ始めるとシェフのアントニーが話しかけてくる。

「一九六七年の十歳の頃だけど、父が海軍勤務で駆逐艦に乗っていたから、一年ほど横須賀に住んでたんだよ」と懐かしそうに日本のことを語り始める。

「イカを揚げたやつが好物だったんだけど、それがたったの十円だったよ」

「日本にはどんな印象を持ってるの?」

「いや、あの頃はとんでもない悪ガキだったからな」日本のことを思い出すとついその頃の悪行の数々が頭に浮かんでくるらしく、少し恥じ入るような表情になる。

「いままでどんな仕事やってたの?」

「俳優さ。二〇〇〇年にはジュリア・ロバーツ主演の映画で脇役やったりしてたんだよ」とスマホでその画像を見せてくれる。

いまはひげ面のむさ苦しい感じの男なのだが、その頃はなかなかのハンサムだ。

「いまはどこに住んでるの？」

「あそこさ」窓の外に広がる荒野にぽつんと建っている家を指さす。

「飲料水とかはどうしてるの？」乾ききった砂漠地帯でどうやって水を確保しているのか気になったのだ。

「井戸だよ。俺の家のは一〇〇フィートも掘ったやつだからね」

この辺鄙な場所のカフェで働きながら細々と暮らしている男性のその後の人生になにがあったのか知らないが、若い頃のことを少しでも語れる体験があるだけでも幸せな人生を送ってきた人なのかもしれない。

カフェを出て、再びルート66を走り始める。五〇キロほど走ってラッドローに着く。ここは人口が十人ほどの所だが、それでも店がいくつか並んでいる。

この小さな町の中心、人がいちばん集まるのがガソリンスタンドだ。そのそばにコンビニとカフェがあり、大型のハーレーに乗ったバイカーたちが大勢たむろしている。革ジャン姿にひげ面、腕はタトゥーだらけで、肥った連中がやたらに目立つ。ナチスの鉄兜風のヘルメットを被ったりしているところが、いかにもアウトローの集団といった感じ。

辺りに響き渡るエンジンの爆音が凄まじい。まるでシリンダーが破裂してしまいそうな音だ。アメリカの西部は、荒野を馬で進むカウボーイのイメージと重なっているが、いまではハーレーがその代わりをしているらしい。

コンビニの前でこの連中の姿を眺めながら、買ったばかりの一・五リットル入りの冷えたミネラル

ルート66沿いにはモハーヴェ砂漠が広がっている

ウォータを一気に飲み干す。

この炎天下で自転車に乗っているもの好きはさすがにいないので、自転車用のヘルメット姿が目立つらしく、周りの連中と目が合うと皆軽く片手を上げたり、声をかけたりしてくる。

モハーヴェ砂漠を通るルート66沿いには、黄土色の砂地の大地が広がり、ほぼ均等の間隔を置いて低い灌木が生えているだけで、みずみずしい緑とは無縁の世界だ。まともな日陰がないので、少しでも体温を下げるために灌木の茂みの下に身を潜らせて、日射から隠れるようにして休むしかない。

そのうち休憩する時は橋の下にかけ込むことにした。モハーヴェ砂漠を通るルート66には数百メートルごとに橋がかかっている。乾ききった砂漠に橋があるというのも不思議な話だが、大雨になった時に雨水の流れができるためだ。だから橋があっても普段はその下には水はない。その橋の下が日陰になって、日射を避けるには格好の場所になるのだ。

橋の下に入ってみると太い角材の梁や柱が天井の路面を支えているだけで、それほど強度があるわけではなさそうだ。だから所々で橋の上の路面が陥没したり、そっくり橋が落ちている箇所を見かける。その時は川底に降りて橋の脇を通って進むことになる。

進んでいるうちに道路標識　地名の標示を見かけなくなる。どの辺りを走っているのかわからなくなって、不安になってくる。

日が傾き始めたので、焦りながら走っているうちに前方にやっと地名の標示が現れる。アンボーイの表示だ。

「あった！　アンボーイの表示があった！」やっと位置が確認できたので胸をなでおろす。

夕闇が迫っている頃、アンボーイに着く。民家が数軒あるだけの集落といった感じの所だ。

ここにロイのコンビニという店が一軒ある。店の前にはＴシャツなどが並べられていて、観光客が数人たむろしている。一本５ドルの冷えたソフトドリンクを買って、一気に飲み干す。

さらに進むつもりで出発。五、六キロほど走ったところで夜の闇に包まれてしまったので、野宿することに決める。砂地に生えている灌木の茂みのそばにシートを敷いて、そのまま横たわると灼けつく日差しにあぶられつづけた地面からシートを通して熱が伝ってくる。しばらくすると急激に気温が下がってきたので寝袋に入って、夜空を見上げると満天の星が輝いている。

疲れがピークに達している上に、猛烈な暑さや強い風に苦しみつづけたこともあって、旅を断念するかもしれないという考えが頭をよぎったりして、心は不安の渦の中で揺れつづけるだけだ。

今日の走行距離は、一三三キロ、累計で四二六キロに達したが、平地がつづいたのでなんとか長距離走れたようだ。夜中になり、一段と厳しさを増してくる寒さを我慢しているうちに、やがて無数の星に見守られながら少しずつ眠りに落ちていった。

4月26日（金）

朝四時に目が覚める。まだ真っ暗だが、モハーヴェ砂漠を早く通り過ぎてしまいたいこともあって、出発することにする。今日の目的地フェナーは、北東に五〇キロほど離れた、砂漠の中にサービスエリアみたいなものが一軒あるだけの所だ。走り始めると道路脇には放棄された建物が寂しく横たわっていて、その先には黄土色の大地が広がり、遠くに茶褐色の山が延びている。

褐色の山に近づいた辺りで道が左に曲がり、フェナーに向けてまっすぐの道になる。

気温が上昇してきて、猛烈な暑さになる。砂地を焼き尽くす厳しい日射の照り返しが肌に突き刺さり、汗が体表を滝のように流れ落ちる。少しでも体温を下げるために、たえず水を口にしながら進む。砂漠の中を進むので、ミネラルウェータは、一・五リットルのボトル四本、一ガロン入りを一本用意していたのだが、体を冷やすために頭や上半身にもかけたりするので、いくらあっても足りない。

進んでいるとエセックスの標示を見つける。ここは、井戸があるので集落ができた所だが、インターステートの開通によって、住民も十名ほどになって、ゴーストタウン寸前の集落だ。道路沿いの一軒家の屋根の上で作業している男を見かけたので、声をかける。

「へーイ！　水をくれよ！」空になったペットボトルを右手でかざすようにして振りながら合図する。

「わかったよ」男はそう叫ぶと屋根から降りて、敷地からホースを引っ張ってきて、二本のボトルに注いでくれる。

そのうち頭や上半身にも水をかけてくれる。

「どこへ行くの？」
「ルート66を走って、ニードルズ方向に向かってるんだけどね」
「ここからなら、六マイル先のオアシスに泊まって、ゴフズを回ってニードルズだな」オアシスとは「ハイ・サハラ・オアシス」という名のガソリンスタンドとコンビニのあるサービスエリアみたいな所だ。

地元だけあって、さすがにルートには詳しいようだ。

バーストーからニードルズまでは、いくつかのルートがあるのだが、モハーヴェ砂漠の中はどのルートも難所になってしまうので、ルートを検討していた時にもさんざん頭を悩ました箇所だ。そのルートには砂漠の中の車もまともに通らないような道もある。しかし、万一不測の事態でも起きた場合には人に助けを求めるというわけにはいかない。そこでわずかでも人家のあるアンボーイからフェナーを通って、ニードルズに向かうルートにしたのだ。

お礼を言って出発。

昼過ぎになって、「ハイ・サハラ・オアシス」に到着。大音響のロック音楽が響き渡る、広々とした敷地には噴水が吹きあがり、微風にゆれる木立の涼やかさは、まさに砂漠の中のオアシスだ。

利用するのはバイク乗りの連中が多いらしく、次々に大型のハーレーが爆音をまき散らしながら集まってくる。さっそく店で冷えたソフトドリンクを買って、乾ききった喉に流し込む。ここの敷地にはバーベキューの露店もあって、野宿もできるので、さっそく木立の下にシートを敷き、寝袋を広げて横たわる。水が豊かなこともあって、木立は辺りから集まってくる鳥の遊び場になっているらしく、小鳥のさえずりに溢れている。

周りは、ハーレー乗りばかり。革ジャン姿にひげ面、タトゥーが目立つのは相変わらずだ。若者がいなくて、三十すぎのもと不良少年といった連中ばかりなので、遠巻きにして眺めるだけだが、中には東南アジア系らしい、小柄なバイク乗りのグループもいる。自転車旅行している姿に興味を持ったらしく「どこから来たの？」と話しかけてくる。

「サンタモニカからだよ」

「すごいね。勇敢だね」と皆感心したような表情で誉めてくれるのだが、苦しい旅をしている真っただ中で、いつ旅を断念してしまうのかという思いが頭を離れないこともあって、心の中は暗く沈んだままだ。

今日は五九km、累計で四八五km走っただけだったが、疲れがひどい。

夕闇が迫ってきた頃、疲れも極限まで達しているので、フリースを着て寝袋に潜り込む。

4月27日（土）

夜中にあまりの寒さに目が覚める。この辺りは全米でも有数の猛暑で有名な地域なのだが、夜になると急激に気温が下がって震え上がる。寝袋は小型で軽量のものを持ってきたのだが、よほど性能がお粗末らしくて、まともには役に立ちそうもない代物とわかって、ガックリ。眠れないままに朝が来るのを待つが、寝袋の中でじっとしているだけでは時間がムダになる。午前三時過ぎになって、出発することに決める。

今日はモハーヴェ砂漠の真ん中を通り過ぎて、ニードルズに向かう。

月は出ているのだが、街灯もないので、辺りは真っ暗だ。安全を考えながらゆっくりとルート66を走り始める。少し走っただけでも早くも息が切れてしまう。毎日、睡眠不足の上にまともな食事もしないままに過酷な走りになっているのでかなり疲れがたまっているらしい。

暗闇の中、急に止まろうとして、転倒。左ももの上部をしたたか打ってしまう。起き上がって、やっとのことで自転車を起こすが、痛みがひどい。歩くのもやっとの状態なので、大事にならなければいいがと少し心配になってくる。

走っているうちに夜が明けてきて少しずつ辺りの明るさが増してくる。二〇キロ近く走ってゴフズに着く。

廃屋みたいな家屋が数軒並ぶだけの、人口が二〇人ほどの小さな集落だ。ここからルート66は東に向かって長い下り坂となる。標高差が三〇〇メートルほどもあるので、赤茶けた砂の荒野を眺めながら爽快そのものの走りとなる。さらに二〇キロほど走ると国道95号線にたどり着く。ここを右折するとまた下り坂がつづく。

頻繁に休憩を取りながら、チョコレートバーとビスケットを口にする。

モハーヴェ砂漠を通るインターステート

走行距離が四〇キロほどになった頃、前方に車の流れが見え始める。インターステート40号線だ。そのまま進み、インターステートに入り、一六キロほど走って、最初のランプでニードルズの町に入る。町の中心からかなり離れているランプを下りてしまったらしく、辺りにはなにもない町外れだ。しばらく進むといよいよ町の中心に近づく。

予約してなかったので少し心配だったが、モーテルを見つけて投宿。昨夜は寒すぎてよく眠れなかったりして疲れがひどいので、さっそくベッドで休む。今朝打ちつけたものの痛みがひどくてまともに歩けないので大事をとって連泊することにする。

今日の走行距離は六六km、累計は五五一kmとなった。

4月28日（日）休息日

ニードルズ滞在二日目。

ニードルズは、近くにインディアン居留地のある、コロラド川沿いの人口五千人ほどの町だ。鉄道の駅があるので、そこで働く人が多いらしい。

今日は、疲れがひどい上にひざの痛みがあるので、町を見て回る気にもなれない。ただベッドに寝転がって、過ごすだけだ。

疲労も極限状態なので、これから走ることになる距離を想像するだけでも気が遠くなってしまいそうになる。日本を出発前にはトレーニングなどはしていなかったので、はたして体力的に耐えられるのか、考えているだけで不安に襲われて、その重圧に押しつぶされそうになってくる。ニードルズを出ると難所のモハーヴェ砂漠から離れていくので走行も少しは楽になることを期待するしかない。

4月29日（月）

今日は、オートマンを通ってキングマンに向かう。オートマンの辺りはかなり標高が高くなる上にキングマンまでは長距離になるので、早めの朝三時過ぎに出発する。まだ真っ暗闇なので、ゆっくりと走り始める。

しばらく走るとコロラド川が現れる。アメリカに来て初めて見る大きな川だ。橋を渡るといよいよアリゾナ州だ。暗闇の中に牧草だろうか、緑に覆われた農地が広がる。いままで砂地に灌木が生えているだけの不毛の大地に目が慣れていたためか、地表を覆う緑が目にしみる。

あらかじめグーグルマップで調べておいたルートに従って、95号線をしばらく走り、途中で右折するが、間もなく道がわからなくなる。まだ薄暗い中で雨が降り出したので雨宿り。朝も早い上にもともとあまり人を見かけないような、寂しい所なので、不安になってくる。

畑に囲まれた田舎道を進むと山の中みたいな雰囲気の所に出てしまい、心細くなる。人を見つけて道を尋ねる。

「ここを進んでもオートマンには行けないよ。95号線へ戻るしかないよ」と言われて、このルートを断念。

95号線に戻り、しばらく進んで右折するが、またもや道を間違える。

やっと見つけたバウンダリー・コーン・ロードに進む。オートマンは山の中の集落で、ニードルズとの標高差が七〇〇メートルほどもあるので、ゆるやかな上り坂がつづく。気温が下がり、雨粒も落ちてくる。延々とつづく上り坂を進むが、強い横風が吹き荒れているので、自転車を押して歩くしかない。

今日は、気温が下がったので猛暑から解放されたと思って喜んでいたら、気温が下がりすぎて逆に寒さが心配になってくる。

延々と上り坂がつづくオートマンへの道

途中に店らしいものが見当たらないので、水を確保するのも大変。おまけに道を尋ねようにも人を見かけない。強い風と長い上り坂に苦しみながらゆっくりと歩きながら進むしかない。

道端にロバがいたので、近寄って見てみると灌木のトゲのある葉を器用に食べている。昔、荷物を運んだりするのに使われていたが、その後野性化したものだ。

山道を上りつづけて、ようやくオートマンに到着。山の中の小さな町だ。ここは西部開拓の時代、金鉱脈が発見されてできた町だが、いまはその使命を終えて、静かに余生を送っているという感じの所だ。小さな目抜き通りには、西部劇の時代を思わせるひなびた感じの木造の店舗が並んでいて、懐かしい雰囲気を醸し出している。

通りには大勢の観光客たちに混じって、ロバがのんびりとたむろしていて観光客にエサをねだったりしている様子がなんともほほえましい。

自転車を止めるとロバが寄ってきて、自転車のバッグを蹴ったり、バッグの中に口を突っ込もうとする。エサをもらえないので駄々をこねているらしい。ロバは怒っているのか、間歇的に大きく息を吐くような奇妙な声をあげて鳴いたりするのが面白い。

ここで食事をするつもりだったのだが、残念ながらレストランは閉店中。

オートマンに泊まりたかったのだが、ここにはホテルがない。この先にホテルがあるのは五〇キロほど先のキングマンになってしまう。ここからは距離も相当なものになるが、まずはその前に六、七キロ先の標高が千メートルを超える峠を越えなければならない。

先を急ぐので午後二時過ぎにはキングマンに向けてオートマンの小さな町並みを通り抜けて進み始める。

「どこへ行くの?」峠を目指して進み始めていると道路の上の高台の家にいた人から声をかけられる。

「キングマンだけど」

「今日中にキングマンに着くのは無理だよ。とにかく距離がありすぎるよ」

「ありがとう。まあ、なんとかなるだろうから」と言葉を返して、進み始めるとやがて急な上り坂が始まる。峠の頂上とは標高差が三〇〇メートルほどあるので、勾配がきつすぎて、自転車ではとても走れない。自転車を押しながらつづら折りの上り坂をゆっくりと歩く。荷物で重くなった自転車は押すだけでも力がいる。押し上げるといった感じになるので、少し進むだけでも息が切れてくる。

休みを繰り返しながら、少しずつ進むしかない。

そそり立っている岩壁沿いの道を進んでいると辺りで奇妙な音がする。見上げると頭上の岩場に激しく息を吐くように鳴くロバの姿。

二時間ほどかかって、やっとのことで峠を越えると下り坂が始まる。

しかし、キングマンはあと四〇キロ以上も先だ。曲がりくねった道を進むが、周りは荒涼とした光景が広がるだけで、人家がない。宵闇が迫り始め、やがて闇に包まれてしまう。そのうち雨が降り出して、気温がさらに下がってくる。暗闇の中を走りつづけ、疲労困憊となった頃、やっと店がぽつんとあるのを見つける。ガソリンスタンドに併設されているCrazy Fred's Truck Stopというコンビニだ。

売店の隣には広大な駐車場があるのだが、車の姿がまったく見えない。インターステートを爆走している長距離用の大型のトラックは全長が二〇メートルを超えるセミトレーラーといわれているタイプだが、ここはこのセミトレーラー専用のドライブインだ。

雨に濡れそぼった広い敷地には人影がまったくないので寒々としていて、なんとも寂しげだ。

もうヘトヘトで、ソフトドリンクを一本買って、女性店員にホテルのある場所を尋ねる。

「この前の道路を進めば町の中心に行けるよ。ホテルのある辺りまではあと六マイルくらいだね」

と言われて、救われた気分になる。

そこを出発して進みつづけるが、いくら走っても、町に着く気配がない。道路脇には店も街灯もないので、相変わらずの真っ暗闇。疲れはててしまって、自転車を止めて道路のすぐ脇に腰を下ろし、放心したようになって体力が戻るのを待つ。電池切れが心配になってライトを消したので、漆黒の闇に包まれる。

そのうち通り過ぎていった一台の車が戻ってきて、そばに止まる。

「大丈夫か？　暗闇の中でそんな所で休んでいると車に接触されるぞ！」と男から注意されて、あわてて場所を移動する。

あと六マイルと言われたもののいくら走ってもまったく手ごたえがない。樹木の生い茂った丘を通る坂道がつづく。やがて真っ暗闇の中にいくつかの明かりが見え始める。「やっと着いたぞ！　町の中心に着いたぞ！」ホッとしながら近づいてみると道路工事の保安用の照明とわかって、どっと疲れが出る。ヘトヘトの状態で走りつづけて、午後一〇時を過ぎた頃、ようやく町の明かりが見え始める。しばらく走って、やっとホテルを見つけて飛び込む。なんとか空室があったので胸をなでおろす。

今日の走行距離は、一〇四キロ、累計で六五五キロとなった。疲労困憊の状態でなんとかキングマンにたどり着けたが、体力の限界を超えるような走行になったこともあって、明日からがどうなるのか不安でしかたがない。

4月30日（火）休息日
キングマン滞在二日目。
昨夜はくたびれはてて、やっとのことでホテルに着いたので、朝起きてなにをする気にもなれない。疲れがたまって走れそうもないので、キングマンにしばらく滞在して、体力を回復させることにする。そばに安いモーテルを見つけたので、まずはそこに移動。ここはインド人の経営だ。

その後は、このところ自転車のペダルの異音が気になっていたので、ネットで探したバイクショップに向かう。往復で一四キロほどもあるので、やはりアメリカのでかさは半端じゃない。店でペダルを交換してもらって、そこから帰る途中で道路の反対側を自転車の長距離旅行者が走っているのを見かけ、手を上げて挨拶。自転車旅行している連中をまったく見かけなかったので、少しホッとする。

ホテルのフロントに行くと拳銃を腰にぶら下げた六十代くらいの男を見かける。私服なのでびっくり。

女主人にミネラルウォータを買うためスーパーの場所を尋ねるが、英語が早すぎて聞き取れないし、とにかく態度がつっけんどん。このインド人女性は、気配りとか繊細さといったものとは無縁で、愛想のなさにはあきれるしかない。結局、スーパーの場所があまりにも遠すぎるので、行くのはあきらめるが、とにかくアメリカは広すぎて、自転車の修理も食料を買うのも車がないと不便そのものだ。

午後は洗濯をした後は、休憩して過ごす。

キングマンは、ラスベガスやグランドキャニオンなどの国立公園にも近くて、「ルート66」の歌詞にもその名が出てくるのでルート66沿いの町としてはよく知られている所だ。

一九九三年、西海岸を中心にグレイハウンドのバスで八日間ほどの短い旅をしたことがある。旅嫌いだった自分に少しずつ冒険心みたいなものが芽生え始めた頃のことだ。

グランドキャニオン見物を終えて、ロサンゼルスに行く途中、接続のバスを待って、キングマンのバスの停留所で半日を過ごしたことがある。

陽光が溢れていたが、物陰に入るとひんやりとした心地よさを感じる日だった。静かでのどかなところが、いかにもアメリカの田舎町といった雰囲気の所だった。

バス停は小さな保険代理店のオフィスにもなっていて、アメリカのいかにも家庭的で、優しそうなパパといった感じの背の高い中年の男性マネージャーがいた。

建物の陰に坐って、オフィスに置かれていた、無料頒布の赤い表紙の新約聖書を読んだり、フィリピンとアメリカのハーフの青年と話しながらバスを待った。道路に並行して線路が延びていて、サンタ・フェ鉄道の黄色の大型のディーゼル機関車が止まっていて、突然大きな始動音を立てて動いたりした。

バス停の横には公園とはいえないほどの狭い、子供の遊び場みたいなものがあって、この町の住民らしい若いカップルが所在なさげにジャングルジムや砂場で遊んでいる姿がまるで無心に遊んでいる幼児を思わせた。

そばのドラッグストアをのぞいてみると　薄暗い棚にはインスタントラーメンなどに混じって、覚せい剤の成分が含まれているので日本では輸入禁止になっていたインヘーラーという名のスプレー式の喉薬が無造作に並べられていた。

ジャングルジムで遊んでいた青年がコカ・コーラのマーク入りの小さめのバケツくらいもある特大のカップにストローを差し込んでコーラを飲んでいるのを見て思わず吹き出したりした。

このカップルと半日も一緒に過ごしていたのだが、そばで幼児が二人無邪気そうに遊んでいるといった感じでぼんやりと眺めていただけで、一言も言葉はかわさなかった。カップルが遊び終えて帰っていく時、青年がこちらを向いてしばらく早口でなにやら話した後に最後に「いい旅を祈ってるよ!」とつけくわえて去っていったのが、なぜか心を揺り動かした。

短い旅だったが、その頃の自分にはまだみずみずしい感受性が残っていたらしく、映画の印象的な一場面のように、夏の終わりの静かなその日の出来事の鮮明な記憶が残っていて、いまだに色褪せることがない。

その場にたたずんでみたら当時の自分にもう一度戻れるという思いに、そこへ行ってみたいという郷愁めいた気持ちを抑えきれなくなって、ネットでグレイハウンドのバス亭の場所を探してみるとCrazy Fred's Truck Stop、昨夜遅く立ち寄ったコンビニのそばの大型トラック専用のドライブイン辺りになるらしいことがわかる。

しかし、自転車で行くにはあまりにも遠すぎる。思い出はそのままにした方がいいと考えて、再訪するのは諦める。

やっとキングマンにたどり着いたが、サンタモニカを出発してから連日予想を上回る厳しい走行になってしまい、疲労も極限状態になってしまった。

昨日も道に迷いつづけ、強い風、傾斜の厳しい坂道、雨に悩まされ、疲労困憊になりながら暗闇の中を延々と走りつづけて、夜遅く到着することになって、長距離を走る怖さを思い知らされてしまった。これから先も当分楽になりそうな気配もない。そんなこともあって、旅のことを考えていると不安が広がるばかりだ。

次の目的地セリグマンも勾配のある道を一〇〇キロ以上も走らなければならないので、気が重くなってくる。

5月1日（水）休息日

キングマン滞在三日目。

疲労が残っているので、今日も走る気にならず、休養して体調を回復させることにする。

明日はセリグマンに向かうのだが、距離が一〇〇キロを超え、しかも標高が一、六〇〇メートルで、標高差が五〇〇メートルにもなる。到着は夜遅くになるのは避けられないので、朝早く出発して、少しでも早く到着できるように頑張るしかない。

いざとなったら途中で野宿するしかないが、野宿するにしても問題は寝袋だ。二晩使ってみたが、低温には耐えられないお粗末な品質。ないよりはマシといった代物で、寝袋の選択については完全に失敗だ。

しかし、いまはこの寝袋でなんとかしのぐしかない。寝る時には、ジーンズを穿き、フリースの上にパーカーを重ね着して、フードを被って寒さをしのぐことにする。

気温は猛暑が一段落したが、風の強さが気になる。明日は覚悟してセリグマンに向かうしかない。

アメリカをしばらく旅してきたが、日本人にとっては、アメリカの田舎で生活するのは容易ではないという印象がする。

道路が、あまりにも広すぎて渡るのも命がけ。安全地帯があってもあくまでも一部だけだ。歩道もない所が多くて車道沿いの草むらを歩くしかないこともある。おまけに高速で走る車が多い上に治安が良くないとなるとのんびりと歩いて回るような気分にはなれそうもない。

それに店はやたらに遠いし、自販機も見かけない。ソフトドリンクひとつ買うのにも車で出かけなければならない。ガソリンスタンドにはコンビニがあるのが普通だが、距離がありすぎて商品の補給が頻繁にできないこともあってか、日本のコンビニの品ぞろえのレベルとは比べものにならない。日本の生活に慣れているとアメリカの地方で暮らすのは不便すぎて自分にはとてもできそうもない。

いつもはこれからのルートを考えているだけで頭がいっぱいなのだが、旅のことから頭が離れるとまず思い浮かべるのはチー君のことだ。出発前日の奇跡のような出来事がなかったら、チー君への贖罪の気持ちを抱えたままの旅になっていたはずだが、奇跡的にチー君が生きていたことがわかったので、心の落ち着きを取り戻したといってもいい。

しかし、旅の不安が渦巻き、体調も最悪といった状態なので、一日も早く旅が楽になることを祈るしかない。

第四章　寒さに震えたセリグマンの一夜

5月2日（木）

今日の目的地は、セリグマンだ。午前五時に出発する。宿の予約もしないまま、野宿を覚悟しての出発なので不安でいっぱいだ。

インターステート40号線を進む。この辺りのインターステートは、片側二車線になっていて、ビクタービルに向かう途中で体験したような大型トレーラーが爆走する恐怖のハイウェイの雰囲気がないので、胸をなでおろす。しかし、インターステートは原則的に自転車は走行禁止になっていて、走行が許されているのは代替道路がない場合などに限られているので、走っていると少し不安になってくる。

いままで、赤茶けた山々が周りを囲み、砂地に灌木が点々と生えているような光景ばかり見てきたが、砂地の上にも緑がわずかに目立ってきたようだ。周りは荒々しい山岳地帯になっているのだが、岩の転がっている谷間に小さな流れがあったりする。

今日の目的地は標高差にして五〇〇メートルほどあるので、勾配のある道路がつづく。

標高が四、〇〇〇フィートから五、〇〇〇フィートと次第に高くなってくる。

そのうち、「自転車は shoulder only（路肩走行のみ）」の表示を見つけて、自転車でも走れるのを確認して一安心する。

インターステートの路肩はゴミだらけだ。

とくに多いのはバーストしたタイヤの破片で、これが路肩のいたる所に散乱していて、足の踏み場もないといった状態だ。タイヤにはその内側に鋼鉄製の細い針金が編み込まれていて、パンクの原因になるので、タイヤ片は自転車にとっては大敵になる。散らばっているタイヤ片を避けながら走るので、気を緩めるわけにはいかない。

上り坂が多くなる。延々とつづく坂道を自転車を押しながら歩く。ほてった体を休ませようとするが周りは灌木が生えているだけでまともな木陰がない。それでも、なんとか日陰を見つけると草むらに坐って休むのだが、坐ったりすると後で手のひらにひりひりした痛みを感じることがある。これがなんともしつこくて、しばらくその痛みに悩まされてしまう。目を凝らして手のひらを仔細に調べてみるとガラス質の微細な棘が刺さっている。ヨーロッパでも再三同じような経験をしているので、欧米では広く分布している植物らしい。だから、草の上に坐ったりする時は不用意に手をつかないように気をつけるしかない。

自転車にはもっと怖い植物もある。ゴートヘッドと呼ばれている植物だ。ゴートヘッドは、放射状に鋭い棘のある直径一センチほどの菱形の硬い実をつける。これがパンクの原因になるので、休憩する時には、タイヤの表面にゴートヘッドが刺さっていないか念入りに調べる。

午後二時過ぎ、走行距離が七〇キロを超えた頃、後輪が左右に揺れるような不安定な動きをしているのに気づく。自転車を止めて調べてみると空気が少し抜けている。パンクだ。

さっそく自転車を道端に運び込み、予備のチューブに取り替えて、ポンプで空気を入れ始めるが、なかなかうまく入ってくれない。ポンプの具合が悪いのか、ポンプの使い方を間違えているのか、理由がよくわからないが、いくら頑張ってもまともに空気が入らない。いい加減に嫌気がさしてきて、とうとう空気を入れるのを諦めてしまう。しかし、空気が半分抜けたタイヤでは進めない。しかたがないので自転車を押して歩くしかない。

黙々とセリグマンに向かって歩きつづけるが、セリグマンまでの距離はなかなか縮まらない。ただ時間だけが無情に過ぎていく。そのうち辺りが薄暗くなってきて、体力的にも限界が近づいてくる。

それでも歩けるだけ歩くことにして、進みつづけるが、走行距離が八五キロほどになった辺りで、周りが夕闇の中に溶け込み始め、体力的にもついに限界となる。これ以上は歩けそうもないので、歩くのをやめて野宿することに決める。

セリグマンまであと三〇数キロくらいの地点なので、明日は早く起きて歩き始めれば、五時間ほどでセリグマンに着けるはずだ。

道路脇に低い木立を見つけて自転車を立てかけ、茂みのそばにシートを敷き、寝袋を広げてその中に体を潜り込ませる。横たわっているそばを大型トレーラーが次々と通り過ぎるので、辺りは轟音に包まれている。一晩なんとか我慢すればいいだけだと夜空を見上げながら自分に言い聞かせるようにして、体を休める。早く眠りにつこうとするのだが、急激に気温が下がってきて、やがてすさまじい寒さが襲いかかり始める。

短パンの上にジーンズを穿き、フリースの上にパーカーを重ね着して、フードを被って寝袋の奥まで頭をすっぽり隠すように潜り込むのだが、寒さは容赦なく体中を攻めてくる。初めは仰向きになっていたのだが、そのうち背中が冷えてきて耐えられなくなる。地面に接しているシートが冷えてきて、体温が奪われるのだ。

シートとの接触面がなるべく少なくなるように脇腹を下にする。しばらくするとその脇腹も冷えてくるので、今度は反対側の脇腹を下にする。両脇腹をかわるがわる交代させなければならないので、こうなったらもう眠れない。道路を走る大型車両の轟音を耳元で聞きながら、寝袋の中で体を縮めるようにして、ひたすら朝が来るのを待つしかない。

お粗末そのものの寝袋を選んだことも失敗だったが、アンボーイ、フェナーでも寒さで目が覚めるほどだったのに、標高が一、六〇〇メートルほどにもなるセリグマンがどれくらいの寒さになるのか、頭が回らなかったのは完全なミスだった。

眠れないままじっと寒さを我慢していると頭に浮かんでくるのは、チー君のことばかり。出発前日、高架下の安全地帯に坐っていたチー君の姿を見て駆け寄った時くるくる回るような奇妙な動きをした後に一瞬で姿を消してしまった光景、エサを上げた後にいつもお腹を見せながら体をクネクネするようなダンスをしてくれたり、空き地の前の静かな通りを一緒に散歩したことなどが繰り返し頭の中を駈けめぐる。寒さに耐えながらチー君のことを思い返しているうちに、早く帰国して、チー君に会いたいという思いで胸がつまりそうになってくる。

5月3日（金）

午前五時、空が少し白み始めたので、出発する。吐く息が白くなり、手がかじかむ。二時間ほど自転車を押しながら歩いた後、念のためにもう一度タイヤに空気を入れてみることにして、自転車を止めて、ポンプで空気を入れ始める。すると、なんとタイヤは少しづつ膨らみ始める。今度はうまくいきそうだ。「やった！　これで歩かなくて済む！」と歓喜の声を上げる。空気がうまく入らなかったのは、ポンプの操作がまずかったためらしい。とにかく不器用で、機械的なものが大の苦手なのが、わざわいしたらしい。やっと自転車に乗って、走り始める。

午前八時を過ぎ、日が差してくるにつれて少しずつ気温が上がり始める。寒さから解放されてきたので、フリースを脱ぎ、長袖シャツ姿になる。走っているとそばの草むらにプレイリードッグが可愛らしい姿を見せる。

午前一一時過ぎ、ようやくセリグマンに到着。町の中心には広い目抜き通りが通っているのだが、人口が四百人ほどのひなびた感じの小さな町だ。

青空の下、通りにはクラシックカーが並び、その周りには観光客たちが群がっている。町ではイベントみたいなものが開かれているらしく、辺りには浮き立つような気分が広がっている。

ホテルの予約をしていなかったので、まずは目星をつけたホテルに飛び込む。

「今日はこの町の特別なイベントがあるから、セリグマンのホテルはどこも満室だよ」とホテルのスタッフに言われて一瞬顔が蒼ざめる。野宿して、あまり寒さに悲鳴を上げたばかりなので、二晩つづけての野宿はとても耐えられない。

ホテルのWi-Fiを使わせてもらって、焦りながら町のホテルの空室を探してみると一部屋だけ空室のあるホテルを見つける。

「空室のあるホテルを見つけたよ」

「そのホテルだったら、すぐ隣だよ。あの男性がそのオーナーだよ」そのスタッフは隣のホテルの前に立っていた男性を指さす。

あわててロビーを出て、そのホテルに飛び込む。スリランカ人の経営するホテルだ。料金は普段の二倍ほどになるが、さっそく宿泊を申し込んで、なんとか部屋を確保。間一髪で野宿しなくて済んだので、命拾いしたような気分。

部屋に荷物を置いて、目抜き通りを散策する。今日は青空になり気温も上昇してきたので、昨夜の悪夢のような寒さがまるで嘘みたいだ。広い通りには店がまばらに並んでいるだけだが、今日はイベントの出し物が並べられて、観光客が溢れている。

この町では、Fun Runというイベントが開かれているのだ。

八〇年代にインターステートが整備されるにつれて、二車線の道路で速度制限も厳しいルート66の地盤沈下が始まる。それまでルート66沿いでビジネスをやっていた人々は、将来に見切りをつけてよそに移住したりして町の衰退が始まる。

そこで、このままではルート66が忘れ去られてしまうのを憂慮した地元の有志たちが考え出したのが、このルート66 Fun Runだ。

全米から集まったおよそ千台のクラシックカーが目抜き通りに並べられ、披露された後はキングマンに向かって走り、フィナーレとなる三日間のイベントだ。

今日の走行距離は三九km、累計は七九三kmとなった。

5月4日（土）

今日の目的地アッシュフォークはわりに近い所にあるので、今朝は気楽な気分での出発だ。

インターステート40号線の入口の辺りにサブウェイを見つけて、サンドイッチを作ってもらって、出発。走り始めると坂が多くなり、自転車を押して歩くだけになる。一〇キロほどで早くもダウンしてしまう。休みを繰り返しながら進む。野宿してまともに眠れなかったりしたので、疲れが残っているようだ。緑が増えてきて、道路の両側には広大な牧草地が広がっているのだが、放牧されている牛を見かけない。よほど土地が余っているのだろうが、日本人の目にはなんとも不思議に映る。

昼前にアッシュフォークに到着して、モーテルにチェックイン。

この町は、敷石用の石材の産出が主な産業になっているらしくて、モーテルのすぐ前にも石材置き場がある。この町にも一マイルほどの長さの目抜き通りがあるのだが、まばらに店舗が並んでいるだけのいかにもひなびた感じの小さな田舎町だ。

かつてはルート66で栄えていたのだが、ここもインターステートの運用が開始されてからは衰退が始まり、かつての繁栄の面影を見つけるのも難しくなってしまった町だ。

サンタモニカを出発してからまだ二週間ほどしかたっていないのだが、暑さや寒さ、坂道に苦しみ、強風に翻弄され、そばを爆走する大型車におびえ、道に迷って途方に暮れながら、なんとかここまで進んできたが、体調が相変わらず良くないこともあって、これから先も長くつづく旅のことを考えると気が重くなるばかりだ。とにかく地形や気候の厳しさは想像をはるかに超えている上に体力的にも限界状態で走っているので、いつこの旅を断念してしまうのだろうかという思いが頭に重くのしかかったままだ。

今日の走行距離は三七km、累計は八三〇km。

5月5日（日）

今日の目的地ウィリアムズまでは三〇キロほどしかないので、いつもよりも遅い午前七時に出発。インターステート40号線の入り口の辺りのレストランで朝食。

走り始めると上り坂がつづき、クタクタになる。おまけに一〇キロほど進んだところでパンク。タイヤを取り換え、進み始めるがまたもやパンク。パンクのたびにタイヤの内側や外側をチェックして、なにか刺さってないか調べるのだが、異常が見つからないので、困惑するばかり。空気を入れるとタイヤは固くなるが、しばらくするとまたぺちゃんこになってしまう。修理のやり方がまずかったらしいが、原因がわからないので、途方に暮れるばかり。

自転車に空気を入れて、様子をみていると突然後ろから声をかけられる。

「自転車旅行をしてるんだ」と話しかけてきた青年の自転車を見てみると、スポーツ・タイプのものので、まともな荷物も積んでない。おまけに自転車用のウェアを着ているだけの身軽な格好なので、呆気にとられる。

「どこの出身なの？」

「ノルウェーから来て、自転車旅行してるんだよ。ロサンゼルスを出発してホテルに泊まりながら旅をしていて、あと三週間走るつもりなんだ。もし行けたらニューヨークまで行ってみたいね」

さすがにわずか三週間で自転車でニューヨークに向かうのはいくらなんでも無理だ。それよりも雨が降ったり、夜になって気温が下がったりした時にこの軽装で大丈夫なのか、無謀すぎるような感じがして、絶句してしまう。

青年が走り去った後、いくら頑張って修理をやり直してもタイヤには相変わらず空気が入らない。ウィリアムズまではそれほどの距離がないので歩くことにして、上りのつづく道を自転車を押しながら進む。

歩いているだけでも疲労が激しい。疲労がたまっている上に、ウィリアムズは標高が二千メートルを超える高地なので、大気が薄いことが関係しているようだ。

二〇キロほど歩きつづけ、午後四時すぎに、ウィリアムズに到着。走行距離は三〇キロほどだったが、今日も疲労困憊になってしまった。

ウィリアムズは人口三千人ほどの小さな町だが、目抜き通りにはホテルやレストラン、カフェなどが並んでいて、いかにも繁栄している様子の町だ。鉄道が通っていてグランドキャニオンの玄関口になっている上に近くにスキー場もあるので観光でにぎわっているらしく、華やかな雰囲気がする。

モーテルはインド人の経営だ。

「インドのどこの出身なの？」

「ムンバイからアフリカのケニヤに移住して、そこからアメリカに来たんだよ」そのたくましさには感心するばかり。

部屋に荷物を置くとさっそくパンクの修理だ。水を満たしたゴミ箱にチューブを入れてチェックする。チューブは二本ともパンクしている。タイヤに針金みたいなものが刺さったままになっている可能性もあるので、念のためにタイヤを交換することにする。

「この町にバイクショップはあるの？」オーナーの息子に尋ねてみる。

「この辺りだと四〇キロほど離れているフラッグスタッフにしかないよ」

「フラッグスタッフまで行くバスか、電車はあるの？」

「ないよ。タクシーだけだね」

電話でタクシー料金を尋ねてもらうと往復で200ドル近い。

アメリカは車がなければ生活できない国とはわかっていたものの自転車のタイヤ一本買うのにも車で行かなければならないのには絶句する。

その後、フロントに顔を出すとオーナーが「息子がフラッグスタッフの高校に通っているので、明日買ってきてもらえばいいよ」という話になり、ひげ面のその息子を拝むようにして頼み込む。

今日の走行距離は三〇㎞、累計は八六〇㎞となった。

5月6日（月）休息日

ウィリアムズ滞在二日目。

雲が広がり、肌寒い。外を歩くと長袖の人ばかり。午後は、少年が買ってきてくれたタイヤとチューブに交換する。これでなんとか走れそうだ。

相変わらず、疲れがとれない上に雨の予報が出ているので、宿泊を延長して明日も泊まることにする。

5月7日（火）休息日

ウィリアムズ滞在三日目。

ウィリアムズはやはり高地らしく、外を歩くと皆厚着姿だ。夕方雨が降り出し、雷が鳴る。二時間ほどで雨がやんだのでホッとする。

これからもさらに標高が高くなっていくので、気温も下がっていく。パンクして、道を見失って山の中をさまよっているうちに夜になり、その時に雨が降り出したりすれば、高地の寒さにはたして耐えられるのか、まったく自信がない。

とにかく、気がかりなことが次から次へと起きてくるので、旅をいつギブアップしてしまうかと不安ばかりが心をよぎってしまい、なんとも気の重い旅になってしまった。

5月8日（水）

夜半過ぎ、貨物列車の警笛で目が覚め、眠れないまま午前五時に起床する。昨晩からの雨は降ったりやんだりを繰り返している。気温が低いので、長袖シャツの上にフリースを着て、フラッグスタッフに向けて出発。

どんよりした曇り空から、また雨が降り始める。パーカーを着て、木陰で雨宿りしながら、ハンバーガーを食べて空腹をしのぐ。

雨がいったんは上がるが、フラッグスタッフに近づいた頃、また雨が降り出し、やがて霰混じりとなって、さらに雨脚が強まる。天候がおだやかに変化をする日本とちがって、アメリカは、空模様が急変したり、寒暖の変化が大きかったりして、風土の厳しさを感じる。

フラッグスタッフに着く。標高が二、一〇〇メートルを超える、人口が七万人ほどの大きな町だ。グランドキャニオンの玄関口にもなっているので、観光客の多い所らしい。すぐ北に雪を被った岩の壁をさらけ出しながら、空に突き刺さるように鋭角にそびえる、標高三、八五〇メートルのハンフリーズ・ピークの姿が冷厳そのものといった印象で、神々しささえも感じさせる。

昼前、ホテル到着。チェックインまで時間があるので、荷物を預かってもらって、ウォルマートで買い物することにして、さっそく出かける。

ウォルマートのアウトドアのコーナーでカイロを購入。命の危険から救われた気分になって、少し気持ちが軽くなる。

ついでにヨーグルトとバナナも購入。走っている時にはレストランで食事するよりもファストフードで済ませる事が多い。そんなわけで、栄養面が気になるので、スーパーに入るたびにヨーグルトやバナナを買うことにしているのだ。

冷たく澄みきった大気を通して、大空にくっきり浮かび上がる、雪をいただく岩山を眺めながら、ホテルの前の通りを歩き、一軒のダイナーを見つける。ダイナーは簡易型のレストランといった感じの所だが、店に入るとルート66の繁栄した時代の映画俳優たちの写真が壁にずらりと飾られ、昔流行った曲が流れている。過ぎ去った時の流れを思い起こして、懐かしさでいっぱいになる。食事を終えて外に出ると、雨が上がったばかりだ。なんとも不安定な天気で辺りには冷気が漂っている感じがする。

天気予報ではこれから一週間ほどは雨がつづき、気温も低めで、明日の最低気温は零下になるらしい。

明日の目的地ウィンズローまでは、かなりの距離になるので、覚悟を決めて走るしかない。

今日の走行距離は五一km、累計で九一一km、千kmの大台に近づいてきた。

5月9日（木）

午前三時過ぎに目が覚めて眠れないまま、午前五時に起きる。

ヨーグルトで朝食を済ませ、長袖シャツの上にフリース、パーカーを着てウィンズローに向けて出発。予報では、零下1度で雨となっているので、緊張しながら走り始める。

一五キロも走ってインターステートの入り口にたどり着き、走り始める。道路のすぐ隣をディーゼル機関車八台がけん引する貨物列車の長い列がゆっくり進む。数えきれないほどの数の貨物車が連結されていて、急停止する時に脱線しないか心配になるほどの長さだ。

どんよりした曇り空がつづく。このまま天候が持つのか、少し心配になってくる。

樹木が所々に生えている原野が広がっている。放牧場らしいが、家畜の姿を見かけない。とにかく、アメリカの広大さには驚くしかない。

お尻が白い鹿が二頭興味深そうにこちらを眺めている。そのうち、あわてて逃げ出して、遠くの方からまたこちらを見ている。なんとも可愛いらしいその姿につい見とれてしまう。

昼頃から雨になる。橋の下に駆け込んで雨宿りするが、このところ雨がつづいて地面がぬかるんでいるので、自転車の車輪や靴が赤土まみれになってしまう。いくら待っても雨はやみそうにもないので、小雨の中を出発。

昼過ぎ、ウィンズローに到着。フラッグスタッフよりも標高が少し下がったが、それでも標高が一、五〇〇メートルほどの高地にある町だ。ここも町の中心部を迂回するようにその北側にインターステートが通るようになって、衰退してしまった、ひなびた感じの町だ。ホテルを見つけてチェックインする。

ホテルに着いてしばらくすると本格的な雨になり、風も強くなる。天候の変わりやすさはやはり日本とはちがって、大陸の荒々しさを感じる。

雨が上がった後、ホテルを出て、歩き始めると新しくて大きな建物が目に入ってくる。Winslow Indian Healthcare Center、薬物やアルコール依存症専門の治療施設だ。

この町は、インディアンが住民の三割近くにもなるらしいが、そのインディアンのための治療施設らしい。

インディアンという呼び方には蔑称という先入観があったのだが、病院の名前にインディアンという言葉が使われているので、必ずしもそういうわけではないらしい。

アメリカの先住民のイヌイットやインディアンにはアルコール依存症が広がっていることは知っていたが、この壮大な建物を眺めていると、やはり相当深刻な状態になっているらしい。

治療施設の前を通り過ぎるとその隣には墓地が広がっている。戦没者が埋葬されているのだろうか、墓石のそばにアメリカ国旗が立てられている。墓地一面が無数の旗に覆われ、無言のままゆったりと風に翻っていて、辺り一帯には寂寥感が漂っている。

ショッピングモールに向かって住宅地の中を歩く。質素な、いかにも庶民の住まいといった感じの家々が並んでいる。雑草が生い茂り、赤土が露わになったままの庭を眺めていると、いかにも貧しい住民たちがひっそりと暮らしている所のようだ。

住宅地を通り過ぎた辺りに小さなショッピングモールを見つけて、サブウェイでサンドイッチを作ってもらった後、スーパーでバナナ、カップ麺などを購入。

ずっと冷たい雨が降りつづき、肌寒い。町の寒々としたたたずまいもあって、なんだかやりきれないような気分になってくる。

今日の走行距離は九七㎞、累計で一、〇〇八㎞、これで千キロの大台に乗った。

5月10日（金）休息日
ウィンズロー滞在二日目。

今日は休養日にして、もう一日この町に滞在することにして、近くの料金の安いホテルに移る。

チェックインしようとすると六十代くらいのインド人のオーナーは仕事の手を休めて話し始める。話し出したら止まらないといった感じの話好きの人物だ。

「なんでインドから移住してきたの？」

「若い頃は、インドの中部の町で警察官をしていたけど、暮らしが厳しかったからね」

「こちらの暮らしはどうなの？」

「インフラが整備されているから、生活だけなら快適だけどね。でも、なにせ文化がない国だからね」いかにもこちらの生活にもの足りなさを感じているらしい。

「それに自分の方では近所の人たちのことは、だれがなにをやっているかぐらいはわかっているんだけど、近所の連中はこちらにあまり関心を持ってくれないんだよ。いまはインドも経済的に大きく発展してるから、商売をやるんだったらインドの方がなにかと具合がいいんだけどね」

地元の人々との間に越えられない壁を感じていて、周囲とのつきあいに満たされない思いを味わっているらしい。まさにビジネスのためだけの生活になってしまって、潤いのあるものとはほど遠い毎日に少し不満らしい。

人種や民族の大きな壁がある上にさらにキリスト教国の一般的な価値観とヒンドゥー教のそれとではものの考え方や習慣の隔たりが大きすぎて、お互いに親しみを感じるというところまではいかないらしい。

外国に移住する場合、言葉や食べ物、気候はもちろん教育や医療などの社会的システムのちがいが大きな障害になったりするが、価値観が異質すぎて周りとの交流がうまくいかないこともそれ以上の大きなネックになりそうだ。

インド人のように生活力が旺盛で、きちんと自己主張する人たちでもそう感じているとしたら、控えめな傾向の強い日本人が海外移住するのは、相当厳しいことになってしまいそうだ。

ウィンズローは、ロック・バンドのイーグルスの名曲「テイク・イット・イージー」をテーマにした像が観光の目玉になっているので、それを見に出かける。町の南側の人通りのない目抜き通りを東に向かって歩くと通りのそばに男性のブロンズ像が立っている。作曲者グレン・フライの等身大の像だ。

イーグルスの曲は米国社会の歪みを比喩的に描いた歌詞でよく知られている。薬物にとりつかれて、そこから逃れられない心の葛藤を描いた「ホテル・カリフォルニア」、上昇志向と自己主張に満ち、金と物質を追い求めるだけになった社会への反発を表現した「テイク・イット・イージー」が代表作だ。

「テイク・イット・イージー」は貧しくても焦らずのんびりやっていこうぜといった歌詞の曲だが、その舞台になった所だけあって、ウィンズローは、静かでひなびた町だ。モーテルのそばのアルコール依存症の治療施設や広い墓地がやけに目立っていて、いかにもこの町を象徴しているかのように思えてくる。

歩いて買い物に出かけている時「コンニチハ！　ハジメマシテ！」と突然アジア系の青年から日本語で話しかけられる。

「どこの出身なの？」青年に尋ねる。

「この町に住んでるんだよ。ナバホ族で、塗装の仕事をしてるんだ」大柄だが、一見すると日本にもいそうな風貌をした男性だ。

「この町にはナバホ族が多くて、他にはメキシカンが多いよ。それに日本人も少しいるしね」

ウィンズローは人口一万弱の町だが、様々な民族の人たちが住んでいるのが、いかにもアメリカらしい。

「どこで日本語を覚えたの？」

「日本人の知り合いに教えてもらったんだよ。日本料理も好きなんだよ」

買い物の後はまた静かな住宅街を通って、モーテルに戻る。


「あっ！　自転車が……」

5月11日（土）

予報では雨だったのだが、今朝は降っていないので胸をなでおろす。寒いので、フリースとパーカーを着て、午前五時前にホルブロックに向けて出発。

赤土の上に灌木が点在する光景がつづく。見渡すかぎり原野が広がっているのだが、牧畜も耕作もされている様子がない。相変わらず、その広大さにはただ驚くばかり。

順調に進んで、昼前にホルブロックに着く。標高が一、五〇〇メートルを超す高地にある、広々とした町で、道路の広さにはただあきれるばかり。店がまばらに点在しているだけの閑散とした、ひなびた田舎町だ。

インターステートの出口を間違えて、モーテルのかなり手前で出てしまったので、汗水たらして重い自転車を押しながら急な坂道を上って、とんでもない高台にあるホテルにやっとのことで到着。

フロントでチェックインしようとすると女性のスタッフから「早めのチェックインになるので、超過料金をいただくことになるけど」と30ドルほども高めの70数ドルの料金を請求される。

あんまり癪に障ったので「じゃあ、チェックインの時間まで待つことにするよ」と言いかけていると部屋に入ってきた別の女性スタッフが「そんなことする必要ないよ！」と注意してくれて、なんとか普通の料金になる。

その女性スタッフは自転車旅行に興味があるらしく、旅のことをいろいろ尋ねてくる。

「ここは、二日前にはすごい雹が降ったし、昨日は雨だったのよ」とのこと。今日は天気に恵まれたようだ。

部屋に入ると狭くて古く、傷みがひどい。おまけにタオルも石鹸もトイレットペーパーもない。

「こんな部屋でなにが超過料金だよ！」と腹が立ってくる。

ホテルの清掃担当の中年女性は前歯がだいぶ欠けている。昨日、道を尋ねた中年女性も前歯が欠けていた。日本では前歯が欠けたままにしている人はあまり見かけないが、医療費が高いアメリカでは、珍しくはないようだ。

今日の走行距離は五四km、累計で一、〇六二km。

5月12日（日）

昨日は、夜になって長雨になってしまったが、午前五時に外を眺めてみると雨は降っていないので、胸をなでおろす。

今日の目的地チェンバーズに向かって、インターステート40号線を進み始める。

二〇キロ走った時点で疲労困憊になってしまう。チェンバーズは、標高が一、七〇〇メートルを超える高地なのでやはり大気が薄いことが原因しているようだ。

休憩を繰り返し、体力が回復するのを待ちながら、少しずつ進むしかない。しばらく走っていると少しずつチェンバーズに近づいているらしいのだが、距離が表示された標識を見かけないので、不安になってくる。

午後二時、なんとかモーテルに着く。インターステート40号線と国道191号線が交差している辺りにあって、周りは荒野が広がっているだけでレストランとガソリンスタンドしかない殺風景な所だ。

部屋に入って、さっそくザックからパソコンを取り出して思わずハッとする。パソコンの充電器が見当たらない。今朝パソコンを使った時にコンセントに差し込んだ充電器を抜き忘れてしまったのだ。

前回のイギリスの自転車旅行でも、変換プラグをコンセントから抜くのを忘れてしまって、後で入手するのに散々苦労したが、また同じようなうっかりミスをやらかしてガックリ。なんだか、ボケ症状が始まったような気分になってきて、頭を抱えてしまう。

充電器がなければパソコンが使えない。新たに購入するしかないが、辺りには店らしいものがなにもないので、途方に暮れるばかり。

これから向かう大きな町で入手するしかない。

今日の走行距離は六八km、累計は一、一三〇kmとなった。

5月13日（月）

午前五時出発。今日はいよいよアリゾナ州を抜け、ニューメキシコ州のギャラップに向かう。ここも高地になるので厳しい旅を覚悟しなければならない。このところ、真東に向かって走っているので、朝の早い時間は光り輝く朝日に向かって進むことになる。辺りには街路樹などの光を遮るものがないので、まともに日光が目に入ってきて、まぶしくてしかたがない。

インターステート40号線を走って、ハックを過ぎた辺りで脇道へ移動。大型のトレーラーが少なくなり威圧感を受けることがなくなるので、格段に気分が楽になる。辺りには赤土の大地が広がっているのだが、乾燥していることもあって、赤土が飛散して路面を赤く染めていて、やたらに埃っぽい。

道路沿いには、時折インディアンの工芸品を売る店を見かけるが、人影がなくて、閑散としているだけだ。

しばらく進んでいるうちに後輪から異音がしているのに気づく。後輪をチェックするとパンクしている。さっそく修理を始めようとしていると、一台の白い小型トラックが止まる。大柄の男性がミネラル・ウォータのボトルを差し出しながら声をかけてくる。

「パンクしてるの？　だったら、トラックに自転車を載せて、ギャラップまで連れて行ってあげるよ」ネイティブ・アメリカンらしい風貌の五十歳くらいの男性。

「いや、大丈夫だよ。修理して走って行けるから」と答えるのだが、相手は引き下がらない。とうとう根負けして、予約しているホテルまで乗せてもらうことになる。

「ダムや水路関係の工事の仕事をしてるんだよ」車にはナバホ族の準自治領を意味するNAVAHO STATEと表示されているので、インディアン居住地区の工事に従事しているネイティブ・アメリカンらしい。

トラックの荷台に自転車とバッグを載せて、車に乗り込む。

「ところで、パソコンの充電器をなくして困ってるんだけど、どこか電器店を知ってますか？」

「じゃあ、モーテルに行く前に、まずショッピングモールのラジオシャックというパソコンショップを知ってるから、そこに連れて行ってあげるよ」インターステート40号線を走って、ギャラップの中心を通って、リオ・ウェストというショッピングモールの前に着く。

「玄関を入るとラジオシャックの店舗があるから、そこで買ったらいいよ。外で待ってるから」と

「あっ！　自転車が……」

男性から言われて、さっそくモールに入る。広々としたモールの中を歩いてラジオシャックを探すが見当たらない。案内係の青年に尋ねると「ラジオシャックは撤退して、いまはないよ。でも、隣のウォルマートでもパソコンは扱ってるから、そこへ行ってみれば」と言われてウォルマートに行くことにする。

モールを出て、外で待っている車を探すが、見当たらない。あわてて、広い駐車場の中を探し回るが、それらしい車がいない。シートが二列の白いトラックなので、遠くからでも目立つのだが、どこを見てもそれらしい車が見当たらない。

「あっ！　自転車が……」背筋にひやりとするものを感じながら、駐車場の端から端まで歩き回って、白いトラックを探しつづけるが、見つからない。

「しまった！　やられた！」トラックの荷台に自転車とバッグを載せたままなので、車が見つからないとなれば、旅はここで終わってしまう。

とりあえず、モールの駐車場を管理しているオフィスで相談するしかない。

モールの入り口にオフィスがあったので、そこの女性スタッフに事情を話して、警備担当のスタッフに来てもらうことにする。

しばらくすると女性の警備員が姿を現して「男性の警備責任者を呼んでるから、ここで待っていて」と言われて、その女性警備員と入り口の辺りで並んで待つ。

「どうやら、これで旅も終ってしまったな。旅の終わり方がいかにもアメリカらしいな」旅に出てから、旅をいつ放棄してしまうのだろうかという思いがいつも心の片隅にあったためか、少し肩の荷を下ろしたような気持ちとともに、唐突に終わった旅のことをぼんやりと振り返ってみるだけの冷静さが残されているのが自分にも意外に感じられた。

「さて、これからどうしようか。警察に相談したところで、アメリカではこの程度の事件はまともに取り合ってもらえそうもないしな。とりあえず、今日予約しているホテルまでタクシーで行って、後をどうするのかを考えるしかないが、このまま帰国することになってしまいそうだな」と考えながら入り口のそばで警備責任者を待っていると、目の前にどこか見覚えのある車が近づいてくる。なんと探していた白いトラックが戻ってきたのだ。

「えっ！　なんだよこれ！」車を探し始めてから二時間ほども経っていたので、なにが起きたのかわけがわからず、呆気にとられながら目の前に止まった車を見つめる。

「さっき、仕事の関係で電話で呼ばれてね。これから仕事先に行かなければならなくなってね」車から降りてきた男は釈明しながら、後部の荷台から自転車とバッグを降ろし始める。

自転車が戻ってくることは、はなから諦めていた上に車が戻ってくることなど予想もしてなかったので、目の前で起きていることが信じられず、呆然とするばかり。

自転車とバッグを受け取った後、男性と握手して別れる。

「よかったね」とオフィスの女性たちから言われて、釈然としない気持ちを抱えたまま、とりあえず自転車が戻ってきたので安堵の胸をなでおろす。

首をかしげながら、モールの入り口のそばに自転車を置いて、さっそくパンクの修理だ。後輪のタイヤを外し、チューブを取り出して予備用のものと交換。

「あっ！　自転車が……」

その後はウォルマートに行ってパソコンのコーナーで店員に相談するとなんとか在庫があったので、胸をなでおろす。

無事に充電器を手に入れて、気持ちを楽にしながら、ホテルに向かって走る。飛行場の辺りを通り過ぎ、ホテルに到着。部屋に入って、さっそく購入した充電器を試してみるとうまく作動したので一息つく。

天気予報では、また気温が下がり、当分風の強い日がつづきそうだ。早くグランツまでたどり着きたいのだが、疲労が激しいので、明日は休養日にすることに決める。

今日の走行距離は六〇km、累計は一、一九〇km。

5月14日（火）休息日
ギャラップ滞在二日目。

疲れをとるために一日ベッドで休んで過ごす。夜眠れなくなるので、眠らずにただ横たわるだけだ。

ギャラップは、二万人の人口のうち四割以上がネイティブ・アメリカンという町で、かなり治安の悪い所らしい。

ホテルの前の広々とした道路沿いには店がまばらに点在しているだけで、閑散としている。道路も建物もやたら大きくて、日本人の感覚からすると土地の無駄遣いとしか思えない。

店舗も新建材を使ったプレハブ建築といったものばかりで、人工的で無機質な感じのする、なんとも退屈なものばかりだ。

町の中心まで遠すぎて行く気にもなれないので、近くのタコスのチェーン店に入って食事となるが、食べ残してしまう。今日は、もともと口に合わないタコスを朝も昼も食べて、明日の昼食用にもテイクアウトするので、さすがにうんざり。カップ麺やミルクを買ってきて、栄養を補給する。

「あっ！　自転車が……」

第六章　寒風が吹き、霰の降る高地サンタフェ

5月15日（水）

ほとんど一睡もできないままに午前五時に出発する。今日の目的地グランツまでは長い距離になるので、緊張して眠れなかったようだ。

インターステートの側道を走るが、車が多い。道路を歩く人たちには、ネイティブ・アメリカンが目立つ。乾燥地帯らしく、道路脇は赤土がむき出しになっていて辺りには赤土の砂塵が舞い上がっているので、息をこらしたり目を細めたりしながら走る。

最初は順調に走っていたのだが、三〇数キロ走った辺りで側道がなくなってしまう。インターステート40号線に入り、二時間ほど走って疲労困憊になる。やはり高地に体がなれてないらしい。

勾配のある坂道を自転車を押しながら歩きつづける。道路工事をしているそばを自転車で通りかかると工事関係者たちが手を上げたりして挨拶してくる。皆きさくな人たちだ。

後輪がふらつき始めたので、調べるとタイヤの空気が減っている。ポンプで空気を入れるとしばらくは持ちそうなので、とりあえずそのまま走って、ホテルで修理することにする。

ソローの辺りで下り坂になるが、向かい風がきつい。午後四時頃、やっとグランツに到着。インターステートから下りて、ルート66を走りながらホテルに向かう。ルート66沿いには古い建物が並んでいて、時の流れを感じさせる、落ち着いた雰囲気を醸し出している。いくつもの廃屋になったモーテルの前を通り過ぎるが、補修もされないまま朽ちはてていく様子を眺めているとなんとももったいないとしか言いようがない。一方では、他の場所に新建材のプレハブ建築が建てられたりしているのだが、まるでプラスチックの製品に囲まれているような気分になってきて、その人工的な無機質さにはうんざりさせられる。

ホテルに近づいた辺りで中華料理店を見つける。今日はまともな食事をしてなかったのでさっそく飛び込む。バイキング形式になっていて料金10ドルだ。中華の様々な料理から好みのものを大皿に乗せて、テーブル席について食べ始める。

走っている途中ではレストランを見つけるのがむずかしいこともあって、普段食べている朝食や昼食はその前日の夕方にファストフード店でテイクアウトしたものが多くなる。ソースでぐちゃぐちゃになっていたりして、旨いとはほど遠い代物だ。気温が高くなってきたので、食中毒にならないかいつも冷や冷やしながら食べる。

本来ならゴミ箱行きになるような代物を食べていることもあって、久しぶりにまともな食事にありついたので、むさぼるようにして食べまくる。

食事を終えて、ホテルに到着。クタクタに疲れ切っているので、シャワーを浴びて休みたいのだが、まずやることは後輪のチェックだ。部屋に置いてあったゴミ箱に水を貯めて、空気を入れたチューブをくぐらせるとやはりパンクしている。

パンク修理を終えるとウォルマートに買い物に行く。いつも買っている牛乳、ヨーグルト、バナナにパンク修理キットも購入。

疲れをとるために、明日は休養日にする。

今日の走行距離一一二km、累計は一、三〇二km。

5月16日（木）休息日
グランツ滞在二日目。

曇りで気温が低い。パンクが気になっているので、朝からもう一度タイヤ、チューブを点検する。

明日向かうアルバカーキまでのルートは長丁場の難所になるので、グーグルマップを調べてみるとルートのあまりの複雑さに困惑してしまう。グーグルマップのルートは小さな道路を走るので比較的安全なのだが、スマホを持ってないので道に迷いやすくなる。そこでガイドブックに載っているルートを走ることにする。早めに確実に目的地に着くためにはインターステートを走るしかない。

しかし、気がついてみると、もうアルバカーキのそばまで近づいている。これまで、いくつもの難所を乗り越えながらなんとかここまで走ってきて、厳しい箇所はあらかたクリアしたような感じがする。あと少し頑張れば楽になっていくはずなので、それまではなんとか持ちこたえなければならない。

これまでずっと高地を走ってきたのだが、道路の周りに人家が少ない上に途中で雨になったり、自転車にトラブルが起きて夜になったりして、気温が下がってくれれば命にもかかわりかねない。そう考えると、とにかく一日も早く標高の高い所から平地に下りたいという気持ちでいっぱいだ。

5月17日（金）

今日の目的地アルバカーキは長距離になるので、緊張しながら出発する。

走り始めると周りには人家らしいものがなくて、寂しい感じがする。山の中を走ることも覚悟していたのだが、人影のない辺鄙な所ではあっても、道路の傾斜はそれほどでもなさそうなので胸をなでおろす。

この辺りは人が少なくて物騒な所なのか、放し飼いにされている犬が目立つ。それも大きな、いかにも獰猛そうな犬だ。走っている時、大きな犬が何匹も吠えながら追いかけてくるたびに、必死になってペダルをこいで逃げる。犬が足元に迫ってくることもある。その時には、コブシを振り上げながら大声で怒鳴りつける。犬も一瞬たじろいで追うのをやめるが、敵もさるもの、形勢をうかがってはまた追いかけてくる。さらに怒声を張り上げて、やっと追い払って、胸をなでおろすの繰り返し。

いくつかのインディアンの住む村を通り過ぎていく。道から少し奥まった辺りになるので様子はわからないが、村というよりも小さな集落みたいな所のようだ。

小さな町ラグーナを通り過ぎると周りには赤茶けた岩山に荒野が広がっているだけで、辺りには人家などは見当たらなくなる。

メシータからはインターステートに入る。

長い坂道を上りつづけていると突然視界が開け、雄大な山のなだらかな稜線が空を背景に浮かび上がり、山の麓にアルバカーキの広大な町が眼下一面に広がる。壮大そのものの光景がいきなり眼前に出現したので息を呑みながら、思わず立ち止まって見とれてしまう。

長い下り坂が始まる。町に近づくにつれ山麓に広がる道路網が視野に入ってくる。山の斜面に延びるいくつもの道路には車がコマネズミのように忙しそうに走り回ったり、車が切れ目なくつづいて数珠繋ぎになっている様子がまるで巨大な都市の模型を眺めているみたいで呆気にとられてしまう。この交通量の激しい、複雑な道路をたどりながら、どうやってホテルまで行くのか、途方に暮れるばかり。

アルバカーキは広大な都市だけあって、いくら走り回ってもなかなかホテルの辺りにたどり着けない。ホテルはとんでもなく遠い所にあるらしい。そのうち大河リオ・グランデを越える。コロラド州から流れ出しメキシコ湾へ注ぐ、全長三千キロもある川だ。リオ・グランデを越えた辺りで道を尋ねていると、トラックに乗った二人組から声をかけられる。

「そのホテルは、五、六キロ先にあるから、連れて行ってあげるよ。荷台に自転車を載せてあげるから」青年たちの好意に甘えさせてもらって、車でホテルまで運んでもらうことになる。アンディーとスティーブという親切な二人組だ。

ホテルに着くと二人がさっそく自転車やバッグをロビーに運んでくれる。

「ここは治安が悪い町だから、自転車は盗まれないように気をつけた方がいいよ」と耳打ちされる。

フロントでチェックインの手続きを待つ。そのうちカウンターの前には客が増え始める。

ファストフード店でもたびたび同じような体験をしているが、客が列を作って並んでいてもスタッフは平然とふざけあったり、雑談しながらのだらけきった仕事ぶり。アメリカではいかにも適当というか、いい加減といった感じの店員の姿がやたらに目立つ。

日本のコンビニやファストフード店のスタッフの規律正しい働きぶりに見慣れていることもあってか、明らかに労働力の質が低いという印象がして、日米間の貿易不均衡の問題も当然に思えてくる。

一時間近くも待たされてやっとチェックイン。

アルバカーキは、マイル・ハイ、つまり標高が一マイル、一、六〇〇メートルを超える高地に位置していることもあって、アスリートのトレーニング場所としても知られている。標高があることもあって、この旅での最難関のひとつと考えていた町になんとか無事に着いたので、一息ついた感じがする。毎日のように難所を走っているので、翌日の走行を考えるだけで頭がいっぱいで、まともに旅の進み具合を考える余裕もなかったのだが、気がついてみるとなんとか東に向かって着実に進んできているようだ。しかし、これからも連日難所がつづくので、緊張感は解けることがない。

今日の走行距離一三一km、累計は一、四三三kmとなった。

5月18日(土)

昨夜はハンバーガー一個だけで済ませたので、朝六時からのホテルの朝食を腹いっぱい食べる。

今日、向かうベルナリオは、アルバカーキの西を流れるリオ・グランデ沿いの町で、三〇キロほどしか離れていないので、気楽な気分で出発する。北の方向に進み始めると曲がりくねって起伏が激しい道路になる。通り沿いには農家らしい、質素な家が並んでいて、鶏の鳴き声が聞こえたりする。

再三、犬から追いかけられ、なんとか振り切って逃げたのだが、その先が行き止まり。戻るしかないので今度は犬撃退用に小石をいくつか拾ってポケットに入れて、一目散でまた来た道を引き返す。

古い町並みのある辺りを通るが、趣があってどこか癒される。

リオ・グランデを渡って、ベルナリオに着く。人口が八千人ほどの町だが、やはりここも標高一、五〇〇メートルを超える高地だ。

ホテルに到着してチェックイン。

明日はいよいよサンタフェに向かうことになる。標高は二、〇〇〇メートルを超えるので、上り坂が多くなる。グーグルマップを調べると山の中の曲がりくねった小さな道を進むルートだ。オートマンへ行く途中でも細い道を選んで大失敗したが、道を間違えると取り返しがつかなくなるので山の辺りの細い道は走るのを避けて、インターステートを走ることにする。

サンタフェを攻略してしまえばそこから先は、標高が下がってくるので、旅も大きな峠を越すことになる。ここは、なんとか頑張るしかない。

今日の走行距離三七km、累計は一、四七〇kmとなった。

5月19日（日）
午前四時半に起床。五時前、出発するためにフロントの前の部屋に置いてある自転車を出そうとしていると「なにやってるんだ！」と老年の男性のスタッフからいきなり怒鳴りつけられる。
「置いていた自転車を出そうとしていただけだよ」と答えると相手は無愛想な表情をしたまま返事

をしようともしない。この失礼な態度にはさすがに頭にきて「名前はなんと言うんだ！」と詰問すると「さっさとここから出ていけ！」とまた怒鳴りつけてくる。

海外旅行中、時々無愛想な店員に遭遇したりして嫌な思いをすることがあるが、今日のは最悪。このホテルはWi-Fiが故障していた上にスタッフの質も最低だったので、不愉快になる。

世の中には、困った人間は少なくない。犯罪者はもちろんのこと、自分勝手だったり、常識をわきまえなかったり、なにかの妄想らしきものに取りつかれて偏った考えしか持てない人間などそれこそ掃いて捨てるほどいる。この種の人間は、周りから忌み嫌われているので長い歴史の中で少しずつ淘汰されていくはずだが、いっこうに減っている様子がないのがなんとも不思議に思える。

この困った連中が入れ替わり立ち替わりでこの世に生まれてくるのは、やはりそれなりの理由があるはずだ。いろいろ考えてみると世の中がものわかりが良くて、善良で、人格円満な人たちばかりになってしまうと、社会全体に緊張感がなくなり人間がぜい弱になってしまうので、それを避けるために一種の自然の摂理みたいな防衛機能が社会の背後で働いているのかもしれないと思ったりしてしまう。

つまり、これらの人たちは、社会が弛緩、堕落してしまうのを防ぐという崇高な使命を帯びて、一定の比率でこの世に派遣されてくる存在なのかもしれないということだ。そうだとすると、感謝の気持ちを込めてこの人たちに接しなければならないのだが、嫌な人間はやっぱり嫌だ。

313号線で北へ向けて走りつづける。アルゴドーンズからサン・フェリペ・プエブロを通ってさらに北へ進む。辺りは農家のような質素な家が点在しているだけの静かな所だ。耕作地なども時折見かけるが、赤茶けて乾ききった大地が広がっているだけで、周りには人影がない。

チェーンから音がし始める。毎日、走ることが頭にあるだけで、まともに自転車の手入れをする暇もないので、油を差してないチェーンが悲鳴を上げている。

一見すると公営住宅みたいな、同じ規格で作られた住居が並んでいる辺りを通りかかる。入り口には、「許可なく敷地に入ること、写真撮影、酒やドラッグの持ち込みは禁止する。違反した場合には罰金を科す」との厳しい内容の掲示がされている。

インディアン居留地だ。その一画だけが周囲から遮断されて隔離されているといった様子で、一種の強制収容所みたいな雰囲気がして、少し異様な感じがする。

アメリカという国が先住民から土地を奪って建国されたという歴史的な経緯もあって、先住民という微妙な立場にあるインディアンが政治的に利用されたり扇動されたりすることを防ぐために部外者と接触をさせない、なんらかの政策的な配慮が働いているように思える。

その前を通り過ぎた辺りで313号線が行き止まりになったので、あわてて、近づいてきた車に手を上げて道を尋ねる。

乗っていた中年女性から脇道を教えてもらって走っていると、車が止まって、声をかけられる。先ほど道を教えてくれた中年女性だ。

「この先は、山の中のラフな道路になってしまうから、進むのは止めなさい。広い方の道路を二マイルほど進めばインターステート25号線に突き当たるから、その道で進んだ方がいいわよ」と女性が道を教えてくれる。

「この辺りはネイティブ・アメリカンが多いようだけど、あなたもそうなんですか？」と尋ねるとうなづく。

「写真を撮らせて下さいよ」と頼んでみる。

「厄介なことになるかもしれないから、その代わりあなたの写真を撮ってあげるよ」

やはりネイティブ・アメリカンを撮影するのは違法らしい。しかたなく、自分だけの写真を撮ってもらう。

サン・フェリペのインディアン居留地区で

「ここはインディアンの居留地なの？」

「この辺りにはインディアンの多くの種族が住んでいる地区になっていて、辺りの家は皆そうなのよ」乾ききった茶褐色の大地に質素な家が点在している辺りを指さしながら語る。五十代後半くらいのマリンダという名の女性。

旅行のことなどをしばらく立ち話した後、マリンダと別れて走り始める。

インターステートに向かって走りつづけていると先に自宅に着いていたマリンダが道路わきの庭から「あなたの名前を教えて」と声をかけてくる。二匹の犬を連れたマリンダと最後の会話をして、ここでお別れ。

インターステート25号線を走っていると後輪の具合がおかしくな

ったのでチェックしてみるとまたもやパンクだ。ポンプで空気を入れるとしばらく走れそうなので、修理しないでそのまま走ることにする。そのうち、なんとかサンタフェに着く。

予約しているホテルを探しながら、町の中心部を通る、ゆるやかな勾配のセリリョス通りを進む。大きな町だけあって、延々とつづく坂道を走りつづけ、後輪の空気が抜けてペチャンコ状態になってきた頃、やっとホテルを見つける。

チェックインするとさっそく後輪の修理だ。こうたびたびパンクを繰り返しているのにもううんざり。じっと我慢するしかない。

朝、昼の食事は、サブウェイのサンドイッチ、チョコレートだけで済ませていたので、夜はインドカレーのレストランで食事をして、栄養補給のためにミルク、ヨーグルト、バナナを買って戻る。

今日の走行距離七三km、累計は一、五四三kmとなった。

5月20日（月）休息日

サンタフェ滞在二日目。

今日は雨の予報だ。明日も風が強くて雨なのでしばらく滞在することにする。

次の目的地ラスベガスは相変わらず標高が高く、距離も一〇〇キロを超える長丁場になるので、今日は休養して体調を取り戻しておかなければならない。チェーンの油切れの音が気になるので、機械油を購入するために外出する。

外を歩くと寒風が吹いて、皆厚着だ。道路が広々としていることに相変わらず驚かされるが、あまりにも広すぎて横断するのも命がけ、ゆっくり散歩できるような歩道も少ないこともあって、歩行者には少しつらい。

道路が、歩行者など相手にしてないような車優先の造りになっているのは、アメリカがあきれてしまうほど広い国だからだが、広いことには短所もともなってくる。いくら土地の価格が安いといっても、ここまで広大すぎると移動や輸送のコストがかかりすぎて、ビジネス的には効率的な運営をするのも容易ではなさそうだ。

それに加えて、もともとこの国は治安が芳しくないので、いくら広々としていてものんびりとウォーキングをする環境でもない。そういった健康面などに及ぼす影響を考えてみると、住むのに快適とは言いがたいような気がする。

午後も冷たい雨が降りつづく。昨日チューブを交換したばかりなのだが、今日チェックしてみるとまた空気が少し抜けている。パンク修理がまずかったらしい。手先が不器用で、機械音痴だから、やることなすことへまばかり。雨が降っているから外にも出かけられないので、明日は近くのバイクショップに行ってチューブを購入することにする。

5月21日（火）休息日

サンタフェ滞在三日目。

今日の天気予報では最低気温マイナス1度。フリース、パーカー姿でも寒さを感じる。

バイクショップで新しいチューブを買うために自転車で外出する。

セリリョス通りを進んで、バイクショップを見つける。

開店まで時間があるので店の前で寒さを我慢しながらしばらく待つことにする。遠くの山々がうっすらと雪化粧している様子はさすがに目の錯覚かと思いながら眺めているとやがて霰が降り出してあまりの寒さに震え上がる。まるで冬で、とても五月とは思えない。

店ではタイヤとチューブを新しいものに交換してもらう。

明日はラスベガスに向かう日だ。ギャンブルで知られているネバタ州のラスベガスと同じ名前の町だが、観光地ではないらしい。しかし、標高が二、〇〇〇メートル近いので、厳しい走りになるのは覚悟するしかない。

ホテルに戻るとあまりにも寒いので、ベッドに潜り込み、ルートをチェックして過ごす。

バイクショップ往復八km

第七章　やっと出会えた自転車旅行の仲間たち

5月22日（水）

午前五時、起床。今日の目的地ラスベガスはかなりの距離がある上に山越えをすることになる。相当緊張していたらしく、明け方になってうとうとできただけなので、体調が心配だ。

暗闇の中を出発。インターステートを見つけて、進み始める。しばらくすると反対方向から車が来る。一方通行の道路に入ってしまったのだ。大あわてで引き返すが、入り口を見失って、しかたなくそのまま走っているとやがて長い下り坂となる。

そのうち、隣側に草むらを挟んで二百メートルほど離れた辺りに別の道路が通っているのに気づく。その道路がどうやらラスベガスに向かう道路のようだ。

道を引き返して、隣の道路との間の草むらが狭くなってきた辺りで、その道路に移る。

やがて、山の中の道になり、上り坂が始まる。三〇キロはど上り坂がつづくので、しばらく我慢しながら坂を上りつづけるしかない。

坂道を上っていると突然後ろから声をかけられる。振り向くと自転車旅行をしている男性だ。旅を始めてから自転車旅行をしている連中を見かけることが滅多になかったので仲間に出会った気分になって「どこから走って来たの?」とはやる気持を抑えるようにして尋ねる。

「サンタモニカからシカゴまで走ってるんだよ。後ろからもう一人来るよ」とビルという背の高い男性。

そのうちビルに遅れて別の男性がやって来る。キースという同年輩の小柄な男性だ。

「二人ともテネシーに住んでるんだけど、自分の六十六歳の誕生日を祝って、キースと一緒に自転車の旅を始めたんだよ」二人は自転車旅行にかなりの経験があるらしく、自転車の装備も本格的だ。

「これからもシカゴまでルート66を走るんだけど、ホテルに泊まるのは数日おきぐらいだね。テント持参だから、普段はKOAみたいなキャンプ場に泊ってるんだよ」KOAとは北米各地にある民営のキャンプ場で、駐車場やシャワー、自炊などの設備が完備されている施設だ。

三人で旅のことを話しながら走る。

しばらく一緒に走った後、メールで連絡を取り合うことにして、側道を走る二人と別れる。先に出発した二人組が目の前の上り坂をすいすいと上っていく。上り坂になるといつも自転車を押しながら歩いてしまう自分よりもかなり脚力があるのに感心する。普段からよほどトレーニングを重ねているのだろう。

そのままインタステート25号線を走る。なだらかな下り坂になっているので、快調に飛ばし、テコローテでインタステートを下りる。

側道をしばらく進んでいるとまたビルとキースに出会う。二人はラスベガスの手前のロメロビルの

KOAに泊まるので、途中で別れて、自分は一〇キロほどその先になるラスベガスに向かう。

疲れ切っているので、残りの一〇キロがつらい。夕闇の迫り始めた頃、ラスベガスに到着。この町も標高が二千メートル近い高所にある町だ。西部の歴史の中では、かつては名の知られていた所らしいが、今では衰退しきった小さな町だ。新建材でできた、味気のない町並みを見慣れていることもあって、時代に取り残されてしまった、寂しげで、ひなびた雰囲気がなんともいえない魅力を感じさせる。ホテルに着いて、疲れた体を休ませる。

今日の走行距離一一七km、累計は一、六六八kmとなった。

5月23日（木）

午前五時過ぎに出発。インターステート25号線から国道84号線で南に向かう。今日の目的地サンタ・ローザは標高が一、四〇〇メートルほどになる。しかし、今日からはいよいよ標高が下がり始めるので、気分が楽になってくる。

風が冷たいので、フリースとパーカーを着て走る。

低い山々に囲まれた二車線の道路には時折車が通るだけで、周りには樹木がまばらに生えた原野が広がる。乾燥地帯だけあって樹木は少ないが、それでも草が増えてきたようだ。

午前九時頃、後ろから声をかけられる。ビルとキースだ。しばらくそこで立ち話。二人とまずその日の目的地やルートを話した後で道路のことを尋ねてみる。

「アメリカを走っていて時々路面に見かけるグレーチングにはびっくりさせられたよ」

「ああ、グレーチングね。自転車には危険なものだから気をつけて走らないとね」と二人はうなずく。グレーチングとは道路に設置してある金属製の側溝の蓋だ。格子状のもので人や物が落下するのを防ぎ、雨水だけが流れ込むような仕組みになっているのだが、アメリカの郊外などで見かけるグレーチングは格子の間隔がとんでもなく広い。とにかく、その隙間が自転車のタイヤ幅よりもはるかに大きいので、うっかりして自転車の車輪をグレーチングの溝に落としたりすれば、転倒して大けがをしたり、自転車を壊してしまいそうだ。自転車旅行が台無しになってしまうので、要注意だ。そんなこともあって、走っている時にグレーチングが現れるたびに自転車から下りて、歩いて慎重に渡る。

危険なのは、グレーチングばかりではない。橋の欄干がとんでもなく低いのだ。自転車で陸橋の欄干のそばを通る時などに、もし転倒でもしたらはるか下にある道路に転落してしまいそうで、橋を通るたびに身がすくんでしまう。

とにかく、訴訟大国のアメリカで、歩行者や自転車にまともに気が配られていないのには驚くしかない。

話を楽しみながらの休憩が終わるといつものように二人が先に出発する。目の前の上り坂を上り始めたとたんに、あっという間に後ろ姿が見えなくなる。その出足の早さには舌を巻くばかり。

国道84号線は下り坂が多いので快適だ。走っていると前方の道路脇に横倒しの自転車のそばでキースがしゃがんで、なにかやっている。パンクしたらしい。

「これで五回目のパンクだよ」キースの慣れた手さばきでパンク修理は瞬く間に終了。

一緒に出発するが、いつものように間もなくキースの後ろ姿が見えなくなる。

「予報では今日の午後から風が強くなるからね」とキースが言っていたとおり、風が強くなって進むのがつらくなる。おまけに、あきれるほど長くて急な上り坂がつづく。自転車を押して歩くだけになって、もううんざり。

インターステート40号線を進み、午後三時すぎになってやっとサンタ・ローザに到着。人口が三千人もない小さな町だ。標高は一、四〇〇メートルほどもあるが、それでも今日だけでも五〇〇メートルも下がってきたのが、なんとも嬉しい。

今日の走行距離一一〇km、累計は一、七七八km。

5月24日（金）

朝五時半にトゥクムカリに向けて出発。辺りはまだ暗い。昨日は強い風に苦しめられつづけたが、風がおだやかなので一安心。

インターステート40号線に入って、走り始める。しばらく走っていると道路脇の草むらに一頭の鹿の姿が目に入る。道路と道路沿いにあるフェンスの間が少し傾斜した草むらになっていて、鹿はそこからフェンスの外に出ようとしているらしい。

しかし、鹿の姿勢が少し変だ。前足だけで進もうとしているので、後ろ足が地面にめり込んでいるような格好になっている。

どうやら車と接触して、後ろ足が両方とも骨折しているらしい。これではフェンスを飛び越えるのはとても無理だ。心配になって、自転車を下りて鹿に近づいてみるとおびえる様子がない。落ち着いた、優しい、つぶらな瞳でずっとこちらを見つめているだけだ。

自分の死を受け入れているのか、神々しささえも感じさせる澄んだ瞳を見ているうちに、涙が溢れそうになる。なんとかしてやりたいのだが、なす術がない。手の出しようがなくて、ただ見ているだけだ。そのうち、見るのがつらくなって、耐えられなくなる。

しばらく鹿を見守ってやるが、あきらめてその場を悄然と去って行くしかない。

イギリスを自転車で旅行している時、道路脇で進行方向へ走っていく鹿を見かけたが、しばらく走っていると道路脇の草むらに静かに横たわっている鹿を見つけた。車にはねられた直後らしかった。

アイルランドでは巣から落ちたカラスの子が草むらにたたずんでいるのを見つけたが、なす術もなくしばらく見守っただけでその場から立ち去るしかなかった。自転車の旅をしていると時折こんな悲しい出来事に出会ったりする。

子供の頃、少年と小鹿の心の交流を描いたローリングスの「小鹿物語」を読んで衝撃的ともいえる感動を経験した。その本で、人生というものがすべてハッピーエンドで終わるわけではないこと、そして人生は耐えがたいほどの悲しみや不条理に満ちていることを知らされた。少しずつ人生について考え始めていた頃のことでもあって、人生への暗い予感めいたものを感じさせられた。

そんな体験から、鹿には特別な思いがあったのだが、その感動の余韻がいまも心の片隅に残っていることもあって、なんともやりきれない気持ちでその場を去ることになってしまった。

やがて下り坂が多くなって軽快な走りになる。昼過ぎには今日の目的地トゥクムカリに到着。人口が六千人ほどの閑散とした町だ。

ルート66を走っているとよく廃屋を見かけるが、ここも町の中心に進むにつれて、モーテルやガソリンスタンドの打ち棄てられた建物がつづく。大きな建物の残骸が横たわる姿は、それほど古い時代のものではないこともあって、異様な感じがして思わず息を呑んでしまう。

予約しているモーテルに着く。ここもオーナーはインド人だ。

「ここに来る途中で放棄された建物をたくさん見かけたけど」

道路脇でもがいていた鹿の澄みきった優しい瞳が忘れられない

「二〇年ぐらい前、インターステートが開通した頃から、ルート66沿いのビジネスが急にダメになってね」

トゥクムカリは、ルート66沿いに多くの店が立ち並び、とくにモーテルの数が多いので有名だったのだが、ビジネスが成り立たなくなって、急激に衰退してしまった町だ。

放棄された建物は規模が大きくて豪華なものが多く、かつてのにぎわいを思い起こさせるのだが、放棄されてからそれほどの年数が経っているようにも見えないことが、いっそう無残な感じを強くする。

明日の目的地のベガは一二〇キロも先になるので、難所のひとつといってもいい。最悪の場合は、途中のサン・ジョン、グレンリオなどの小さな集落みたいな所に駆け込んで、野宿することになるかもしれないので、やはり緊張する。明日は気温が少し上昇してきて、上り坂が少ないのが救いだ。それに、標高も下がって平地に近づいてきたので、気分的には少しずつ楽になってきている。

ホテルの辺りには広い通りがあって、店がまばらに点在している、いかにもアメリカの田舎町といった雰囲気の所だ。近くのダイナーに入って、昼食をとる。ウェイトレスの若い女性は、あきれるほどの肥満体で、およそ繊細さなど感じさせない、これまたいかにもアメリカの田舎娘といった感じ。ここはメキシコ料理の店らしく、メニューの内容がわからないので「人気のあるやつはどれなの？」と尋ねて、教えてもらった料理を注文。出てきた料理は旨いとはほど遠い代物で、必死の思いでなんとか食べ終える。

今日の走行距離九〇km、累計は一、八六八kmとなった。

5月25日（土）

午前五時、今日の目的地ベガは、とにかく走る距離が長いので、緊張して出発。

雨の予報が出ていて、雲が厚いのでそのうち雨が降り出しそうだ。インターステート40号線は坂が少ないので順調に走りつづける。

午前一〇時頃、六〇キロほど走った辺りでテキサス州に入る。

長い間、高地を走りつづけてきたが、やっとニューメキシコ州を抜け出したので気持ちがいっきょに軽くなる。テキサス州からこの先のオクラホマ州に向かうにつれて標高はさらに下がり、平地になっていく。低温の危険が少なくなるまで、あと少しの我慢だ。

晴れ間が広がり始め、気温も30度近くまで上昇する。熱中症が心配になって、日陰を見つけては、休憩を繰り返す。

今日も路肩で死んでいる鹿を見かける。やはり後足の辺りが車と接触してしまったらしい。昨日の鹿を思い出して、しんみりとなる。

昼過ぎ、山の中を走っていると小雨が降り出し、ついに本降りとなってしまう。

アドリアンまであと少しの距離しかないので、必死になって走りつづける。山を下って、広い平地の真っただ中に差しかかると雷が鳴り出し、稲妻が走り始める。周囲は広大な荒野が広がるだけで身を隠すような場所もないのでさすがに怖くなる。雨も次第に激しくなってくるので、焦りながらペダルをこぐ。

やっとアドリアンの出口が見え始める。一息つきながら、インターステートを出る。畑の中にガソリンスタンドとコンビニがぽつんとあるのを見つけて、大あわてでコンビニに駆け込む。それとタイミングを合わせたかのように土砂降りになる。車から降りた人たちが、背をこごめるようにしながら、店に飛び込んでくる。車も走れなくなるほどの大雨だ。

間一髪で店に逃げ込んだので胸をなでおろす。それまで熱中症が心配になるほどの暑さだったが、大雨になったとたんに気温が急に下がり体が冷えてくる。急いでフリースにパーカーを着て、体を温める。土砂降りがやむまで一時間半もの間、待ちつづけて、晴れ間が出てきた後にベガに向かって出発する。

ベガまでは二〇キロほどなので、気楽な気分で走り始める。ところが、風がやたらに強い。前から吹いてくる風が強すぎて、なかなか自転車が進まない。周りは見渡すかぎり広大な平野になっていて、左手の方には風力発電の風車の列が延々とつづいているのを見るともともと風の強い所らしい。

風の抵抗を受けながら走るので、ペダルをこぐのも強い力がいる。なんとか我慢しながら進みつづけてベガの町に着く頃にはもうヘトヘト。人口八百人ほどの、ひなびた田舎町だ。食料品とサブウェイの店があったので、出かけてみると、やはり風が強い。店がまばらにあるだけの人影のない通りを強い風が吹きまくっている。風がなにもかもどこかへ運び去って、後にわびしさだけが残されているといった感じの所だ。

今日の走行距離一二七km、累計は一、九九五kmとなった。

5月26日（日）休息日

ベガ滞在二日目。

天気予報では雨になっているので、今日は休養日だ。今日も肌寒いので、フリースを着る。

一日中、これからのルートを検討して過ごす。トゥクムカリからベガまでの間は距離が長すぎることもあって、ベガ行きは難関のひとつと考えていたが、ベガを通り過ぎればあとは難易度の高そうな所は見当たらないので、ベガが最後の難所になるはずだった。ところが、キースから「十年前に、バージニア州からオレゴン州まで自転車でアメリカ横断をしたことがあるんだけど、いちばん大変だったのはミズーリ州だったな。とくにガスコザークの辺りは最悪だったね」と顔をしかめながら語っていたのを思い出して、ミズーリ州のルート66を調べてみるとにかく起伏が激しくて、かなりの難所だ。

ミズーリ州では、走る距離を短めにして、着実に走るしかない。

キースからのメールでは、やはり猛烈な雨と風に巻き込まれながら、やっとのことでアドリアンにたどり着き、今日はアマリロに向かうとのこと。なんとかして追いつかなければならない。

やっと現れた自転車旅行の仲間たち

第八章　緑の地平線

5月27日（月）

夜半に雨が降り出すとなにか屋根に当たるような音がし始める。やがて、まるで無数の石が激しくぶつかってくるような音になる。かなりの大きさの雹が降り注いでいるらしい。いまにも屋根を突き破ってくるかのような凄まじい音が部屋中に響き渡り、恐怖を覚える。

午前五時過ぎに出発。霧が立ち込めていて、湿気が高く、肌にまとわりついてくるような感じがする。真っ暗闇の上に霧が深いので、前方が見えない。街灯を頼りにゆっくりと進み始める。サングラスが曇り、ヘルメットから雫が落ち始める。暗闇でグレーチングが見えにくいので、前方の路面を注視しながら進む。時折、トレーラーのライトが見えるくらいで、いくら走っても漆黒の闇に包まれたままだ。インターステート40号線の入り口がなかなか見つからない。そのうちインターステートの側道を見つけて走り出す。

霧が深くて、視界は二〇メートルほどしかない。霧でにじんだ車のヘッドライトの明かりが、自分の姿を照らし出すたびに暗闇から解放されたような気分になって、少しホッとする。

東の空も暗いままで、いっこうに明るくならない。暗闇の中を走りつづける。やがて霧の中に朝日がぼんやりとかすみながら姿を現し始めると霧が少しずつ薄くなり、辺りに明るさが増してくる。

闇が消え去ってしまうと両側には見渡すかぎりの大草原が現れ、放牧された牛たちの姿が見える。ここも風が強いところらしく、遠くに風力発電機の列が連なっていて、風車の巨大な羽がゆったりと回転している。道路脇に並ぶサイロや穀物工場の巨大な建物を眺めながらアマリロに到着。アマリロに泊まりたかったのだが、明日向かうシャムロックまでの距離が長くなりすぎるので、今日はもう少し走らなければならない。

広大な畑を眺めながらインターステート40号線を進み、パンハンドルの町外れにあるモーテルに着く。周りは草原が広がっていて、はるか彼方に緑に染まった地平線が延びている。

草原の中に放棄された建物が並び、モーテルが二、三軒にガソリンスタンド、コンビニがあるだけのさびれた集落だ。

廃屋のそばにはルート66ではおなじみの車を半分地面に埋めたオブジェが整列している。ルート66では車のオブジェ、キャデラック・ランチが有名だ。アマリロの大富豪がアーティストに依頼して造らせたもので、何台ものキャデラックが地面に突き刺さるように埋められた作品だ。その場所はここよりも西になるはずなので、ここのはそのイミテーション・バージョンらしい。

そばを歩いてオブジェをながめていると野ウサギ数匹がいるのに気づく。近づくとあわてふためいて逃げるというわけでもなく、のんびりとしている。小さくて可愛いウサギたちがくつろいでいる様子を写真に撮ろうとするが、やはりゆったりとした調子で逃げられてしまう。サブウェイがあったので、明日食べるためのサンドイッチを作ってもらい、ソフトドリンクを購入する。

今日の走行距離一〇六km、累計は二、一〇一km。これで二千kmの大台に乗った。

5月28日（火）

午前五時出発。部屋を出ると東の空に明るさが増している。今日は晴れるようだ。昨日とは大ちがいの天候なので一安心。ルート66沿いはいままで乾燥しきったような所が多かったが、この辺りは道端の雑草も青々と繁茂している。いかにも農業に適した土地らしく、道路の両側には農地が広がっている。側道を三〇キロ走って、グルームに着く。通り沿いにサイロが並ぶ、農業の町だ。

グルームからインターステート40号線を走り始める。

アランリード、マクリーンを通って、昼頃、シャムロックに到着。人口二千人ほどの町だ。目抜き通りでホテルを探していると、どこかで見た二人組、ビルとキースがいるのに気づく。久しぶりの再会を喜び合う。

「ベガの辺りで土砂降りに遭わなかった?」

「ベガの手前で大雨になったよ。ひどい土砂降りだったね」

「パンクはしなかった?」

「六回やったよ。一日で二回やった日もあるよ。ビルは三回だ」とキース。

「今日はこれからあと二〇マイルほど走って、エリックで泊まることにするよ」と言いながら二人組は出発。

ホテルにチェックインした後、スーパーで、ミルク、ヨーグルト、バナナ、ソフトドリンクを購入。近くのサブウエイでサンドイッチを作ってもらうが、この三日間はサンドイッチばかりなのでうんざりだ。しかし、こちらでは日本ほど食べ物のバリエーションがないので我慢するしかない。しばらく好天がつづきそうなので、明日からまた当分走りつづけることになりそうだ。

今日の走行距離一一二km、累計は二、二二三kmとなった。

5月29日（水）

午前五時に出発。いよいよ、今日はオクラホマ州に入る。標高が下がってきて、高地の低温を気にすることがなくなったので、重圧から解放された気分になる。暗闇の中を進み始めるが、東の空には明るさがなく、厚い雲が空を覆っていて、雨になりそうな予感。

インターステート40号線の側道を走る。まだ真っ暗なので、路面のグレーチングに注意しながら走っているうちに少しずつ明るくなってくる。やがて州境を通過し、テクソラの辺りを走っていると道路わきにwrong way（逆走中）の標識を見つける。一方通行の道路を逆走しているとわかって、あわてて引き返して道を探すが見つからない。

しかたなく、いったんインターステートに戻ったりしながら、エリックの町を通り、ルート66を進んでいるとまたもやwrong wayの標示。

道路脇にやたらにwrong wayの表示があって、戸惑ってばかりとなってしまう。

インターステート40号線をしばらくは走って、側道に移ってセイヤーからエルクシティへ向かう。走っていると路肩では車に激突死した鳥の死骸を見かけることが多いが、オクラホマ州に入るとカメがやたらに目立つ。

今日は、先を走っているビルとキースに少しでも近づきたいこともあって、クリントンを目標にしていたのだが、風が強すぎて、エルクシティーに着いた辺りでヘトヘトになったので、エルクシティで泊まることにする。

エルクシティは人口一万人ほどのひなびた感じの町だが、ホテルを予約してないので、ちょうど目についたホテルに飛び込む。

オフィスに入ると坊主頭にジャージ姿の風采の上がらない、四十歳くらいの男が出てきたので、宿泊を申し込むが、一見しただけで客扱いに慣れてない様子。

「これはなんだかホテル選びを失敗したかな」と思いながら、辺りを見回すと床は傷みがひどくてボロボロの状態。カビみたいな汚れが浮き出ていて、まともに清掃もされてなさそうだ。壁には手書きの注意書きが無造作に貼られていたりして、見るからに薄汚れて雑然としたホテルだ。とんでもない所に入ってしまったと後悔するがもう遅い。

ジャージ姿の男がクレジットカードの機械処理に手こずって、もたもたしていると心配そうな表情の老年の母親が現れて、二人がかりで、なんとか処理し終えた時はさすがにホッとする。

部屋に入ると古くて、傷みがひどい。床が汚れ、壁には漆喰を削り取ったような傷跡が残っていて、見るも無残な状態。ホルブロックで泊まったモーテルもひどかったが、このホテルのあまりの汚さには唖然とするばかり。

タオル、トイレットペーパーこそ置いてあるものの清潔感のなさでは最悪のホテルだ。老朽化して、改修の見込みもない廃棄寸前の古ホテルを捨て値で買った素人一家が見よう見まねで、素人商売を始めたばかりといった様子。

料金だけは普通のホテル並みだから、なんだか騙されたような気分になってしまう。

今日の走行距離一〇三km、累計は二、三二六km。

5月30日（木）

朝五時過ぎ出発。インターステート40号線の側道を進み、カヌートの町を通過する。

インターステートの側道は、インターステートの右側になったり、左側になったりと頻繁に位置が変わるし、時には行き止まりになったりするので注意が肝心だ。

今日は晴れ間が広がり、陽光が満ち溢れている。数日前まではなんとも陰鬱な天候だったのが信じられないほどの好天になったので、爽快な気分で走る。

クリントンに着き、家具店に入って道を尋ねるとていねいに道を教えてくれた上にオクラホマ州の地図をくれる。町を通って、そこからまた側道を走ってウェザーフォードの町に向かう。

幾重にも平行に並んでいる丘を真正面から横切るといった感じに道路が通っているので、丘を上っては下るの繰り返しになる。気温が高いので、木陰を見つけては休憩。側道を走って、午後三時頃、ホテルのあるウェザーフォードに到着。

古い町並みが残っているので、落ち着いた雰囲気がして、疲れが癒されるような気分になる。走っている時は、車に注意しているので、なかなか気が抜けないが、それでも周囲の風景が目を和ませてくれるし、時折耳にする鳥の鳴き声が心を癒してくれる。

電話の呼び出し音みたいなものから、アニメの擬音を思い出させるような珍妙なものまで、鳴き声は個性に富んでいる。鳥の種類も多くて、尾の長いカラスの仲間みたいなものもいるし、赤い色のやたらに目立つのもいる。虫を捕まえているのだろうか、空一面に群れながら飛び交っている燕たちの姿もよく見かける。

今日の走行距離八三km、累計は二、三九九km。

5月31日（金）

寝過ごして午前六時に起きる。今日の目的地はオクラホマシティだ。

側道を走ってハイドロに向かう。周りは農地が広がっているだけで、人家も少なく、標識もない。どの辺りを走っているのか見当もつかないので、戸惑ってばかり。

その後、進んでいると大きな橋が現れる。カナディアン川にかかるやたらに長い橋だ。その橋を渡って、時折車が通るだけの寂しい所を進んでいると周りは荒涼とした風景が広がっていて、とんでもない所に向かっているような感じがしてきて、不安に襲われる。

丘を上ったり下ったりを繰り返すような厳しい道路を我慢しながら進む。相変わらず人影がないので、不安になりながら進んでいると、道端に人がいたので道を尋ねる。

「ガスの仕事でここに来てるんだけどね。オリジナルのルート66を走ってるんだね」自転車旅行している姿を見て、いかにも羨ましそうな表情になる。

「自分はね、この近くで生まれ育ったんだよ。だからルート66は幼い頃から親しんでいてね」ルート66に慣れ親しんでいたこともあって愛着があるらしく、ルート66に関心のある外国人が自転車で走っているのを見ていかにも嬉しそうだ。

「古い時代のオリジナルのルート66はね、こういう風に道路の端が少し斜め上に向いてるんだよ」車輪が道路から脱落するのを防ぐような形になっている道路端を指さしながら説明する。

「路面はアスファルトじゃなくて、コンクリートだね」

「そう。それもヘビーデューティーのやつだね」

「ぼくは四十歳で名前はジムというんだけど。ところで、いくつなの?」ジムはおだやかな表情をした、いかにも優しそうな男性だ。

「当てて見てよ」

「そうだな。四十八歳くらいかな」苦笑しながらもうなづく。また嘘をついてしまった。

「でも、リッチな身分なんだね。こうやって自転車の旅ができるんだから」といかにも自分もチャレンジしたそうな表情をする。

「とんでもないよ。貧乏さ。だからこうやって、自転車で旅してるんだよ」あわてて打ち消しながら、今までの旅のことを話す。

ジムは自転車旅行に憧れているらしく、またもや羨ましそうな表情で熱心に耳を傾ける。

ジムと別れて走り出すとそれまで大きな起伏を繰り返していた、しつこい坂道が次第になだらかになってくる。やがて、周りに広がる緑の大平原を眺めながら順調に走りつづけて、エル・リーノの町に着く。

町を進んでいると広い敷地のある工場らしい施設の前を通りかかる。敷地にはゴミが散乱していて、大勢で回収作業をしている。一見しただけでなんとも異様な光景だ。そこを通り過ぎて、民家の辺りを通りかかると道路脇の巨大な街路樹が何本もなぎ倒されている。先ほど通りすぎた施設を振り返って見ると、建物の屋根が吹き飛んでいる。竜巻が襲った跡らしい。

ユーコンを通り過ぎ、巨大な貯水池、ヘフナー湖の辺りにたどり着く。いよいよオクラホマシティに着いた。そこからモーテルのある東の方へ向かうが、とにかく、巨大な都市だけあって、いくら走っても手がかりさえつかめないほどの広さ。モーテルは北の外れにあるのだが、スマホがないので見当もつかない。道を尋ねた時にミネラルウォータのボトルを二度ももらったりしながら、モーテルを探し回って、午後八時を過ぎた頃に、やっとのことでモーテルに到着。

このモーテルもインド人の経営だ。

今日の走行距離一三二km、累計は二、五三一kmとなった。

6月1日（土）休息日
オクラホマシティ滞在二日目。
予報では、一週間以上も雨の日がつづきそうなので、今日は休養日にして、ルートを検討して過ごす。

これまで東に延びていたルート66は、この辺りから少しずつ北東に方向が変わっていく。これから向かうミズーリ州は、やたらに起伏が激しい所なのでいかにも苦労させられそうだ。

今日は晴れたので、洗濯をして部屋の外に止めた自転車を物干し代わりにして洗濯物を広げたりして、のんびりと過ごす。

そのうちホテルのスタッフのひとりが話しかけてくる。白髪頭にあごひげ、アメリカ人としては小柄で、やせ型の六十代後半くらいの男性だ。いつもヒスパニックのスタッフたちに大声で仕事の指示している、いかにもリーダー格といった感じの男だ。

「ここに来る途中、エル・リーノを通ったんだけど、竜巻被害の現場を見かけたよ」

「そう。土曜日に竜巻が襲ってモーテルがやられて、二人死んでね」近くで起きた災害なので、男性はさすがに詳しい。話を始めると話好きで気さくな人物なので、やたらに話がはずんでしまう。

両腕と背中にタトゥーがあるこの男性は、夫婦でこのモーテルに住み込みで働いていて、住まいはいま自分が泊っている部屋の隣の客室だ。

「ガーデニングが大好きで、植物の世話するのが楽しみなんだよ。見せてやるから、ついて来なよ」と言われて、男性の後ろをついて、庭の端で育てている野菜などを見て回る。

「これはハコガメ（box turtle）というカメだよ。この辺りには多いんだよ」と小さなカメを見せてくれる。

「そばの茂みで見つけたんだよ」手のひらに乗るほどの小さなカメだ。甲羅が盛り上がっていて、首や手足の辺りに開閉できる蓋があるので、一見するとリクガメみたいな特徴を持っているのだが、池などに住んでいる普通のカメだ。

英語ではカメはturtle、リクガメはtortoiseと区別されている。リクガメはカメとちがって、水の中では溺れてしまうので、別のものとして扱われているらしい。

「こいつが大きくなるとこのくらいになるんだよ」と両手を三〇センチほど広げてみせる。

「ところで、ここの生まれなの？」

「ニューヨークに生まれて、そこで育ったんだ」

「えっ、どんな経緯でオクラホマに住むようになったの？」

「刑務所に二十三年間いたんだよ。刑務所は三か所ほど移ったかな」それを聞いて背筋に冷たいものが走る。

「なんで刑務所に入ったの？」おそるおそる訊いてみる。

「武器を使った強盗（armed robbery）をやってね。だから、いままであまり仕事についたことはなかったんだよ。アメリカという国は刑務所帰りには厳しい国でね。刑務所にいたような人間はどこも雇ってくれないんだよ。だから、ずっと無職のままだったんだ。たまたま女房がこのモーテルで働き始めたから、自分も雇ってくれたというわけさ」無言のままでいるのは相手への警戒感を表わすことになるので、あわてて言葉の接穂を探す。

「でも、アメリカの刑務所は危険な所らしいね」心の動揺を隠すように平静さを装って訊ねる。

「ああ、そうさ。そこで二人殺したよ」唖然として、言葉を失う。

「なぜ？」

またもや、そのまま黙っていれば相手に感じている恐怖心を察知されて、気まずいことになってしまいそうなので、あわてて質問をする。

「殺されそうになったからだよ。でも、幸いに起訴はされなかったよ」と平然と答える。アメリカの刑務所では殺人が結構多いらしいが、起訴もされなかったと聞かされるとやはり国情のちがいは大きいようだ。

刑務所帰りの男性（右）とその友人

「刑務所では、酒もたばこも飲めないので、つらい生活になってしまいそうだね」

心の動揺を覚られないように何気ない様子をしながら、質問をつづける。

「いや、酒は刑務所の中でも造れるから飲めるんだよ。ジャガイモと干しブドウを酵母や砂糖と一緒に瓶に入れておくと、しばらくして発酵が始まるからね。それでできたやつを飲むんだよ。でも、とにかく刑務所では酒は貴重品だからね。ひげ剃りに使うアルコール入りの化粧水をまるごと一本飲むのを見たことがあるくらいだよ」

「その密造酒はアルコール分が弱いから、不味いんでしょ？」

「アルコール分は、ビールやワインよりも強いくらいだよ。それに旨いもんだよ」

「刑務所にいた時の楽しみはなんだったの？」

「もっぱらポーカーだね。皆で食べ物を賭けてやるんだよ」

話しているうちに気がつくと空模様がおかしくなり始める。瞬く間に雲が広がり、雨が降り出すにつれて風が強くなり、やがて土砂降りになる。強風が吹きまくり、とうとう嵐になってしまう。それまで、青空が広がっていたので出発しなかったことを後悔していたのだが、出発しなくて正解だったと胸をなでおろす。しかし、天候の急変する様子が日本ではあまり体験したことがないものだったので、ただ唖然とするばかり。

男性は「竜巻が起きる場合は、雲の様子が変わってくるからね」と雲を指さしながら、竜巻が起きる時の雲の動きを話し始める。男の真剣な表情を見ていると竜巻が本当に発生したのではと不安に襲われる。

そのうち、男性はスマホを持ち出して、youtubeの竜巻の動画を見せながら、竜巻が起きた時の様子を語り始める。

「竜巻が発生した時のハイウェイはとくに危険だからね。その時は、すぐに低い場所に移動しないとだめだよ。ハイウェイの道路下のところどころに下水溝の開口部があるのを見たことがあるだろ。その中に体を潜り込ませて、入口にしっかりしがみついてないとだめだよ。穴の奥の深いところまで体を入れてしまうと雨水が溢れてくるからこれも危ないよ。動物たちは危機を察知する本能を持っているから、そのうち動物も中に入り込んでくるからね。下水溝の外に身体を持っていかれないように入口の辺りを両手でしっかり掴んでいることだね。それに車の中にいるのも危険だし、家のガラス窓の近くとか、電柱のそばにいるのも危ないからね」男性はやたらに竜巻のことに詳しくて、丁寧に竜巻からの退避のしかたを説明してくれる。

「二〇一三年にはオクラホマシティのすぐ南の町でものすごい竜巻が起きてね。六マイルもの幅のある竜巻だったけれど、竜巻は移動するから竜巻の通り過ぎた辺りの町は壊滅状態になったんだよ」メキシコ湾から流れ込む暖かく湿った空気がロッキー山脈やカナダからの冷たく乾いた空気とぶつかるため、アメリカ中南部の辺りは竜巻が起きやすくなっているのだ。

それを聞いているとなんだか竜巻に遭遇しそうな気分になってきて、これからの旅が不安になってくる。

「怖いといえば、雹も怖いよ。拳くらいの大きさのものがびゅんびゅん降ってくるからね」と拳を目の前に突き出す。

「雹の大きいやつはもっとでかいのがあるよ。俺の友達にそれで頭を直撃されたやつがいるからね」と両手を二〇センチほども広げてみせる。大きな石の塊りみたいな雹に頭でもやられでもしたら、それこそ命にもかかわってくる。ますます恐怖感に襲われる。

ベガに泊まっている時に夜半過ぎに屋根に石ころが叩きつけられるような音に肝を冷やしたことがあったが、山の中みたいな人里離れた所を走っている時に大きな雹が降ったりすれば、それこそ命にもかかわってくる。

連日、道に迷いながら進むだけでも苦労しているのに、交通事故や竜巻、雹、犯罪などの様々なアクシデントに巻き込まれてしまえば、旅が終わるどころか命まで失うことになってしまう。とにかく危険と隣り合わせの旅なので、旅が平穏に進み、無事帰国できることを祈るばかりだ。

嵐が去った後、男性は自分の部屋の前にバーベキューのグリルを持ち出し、ハンバーグやホットドッグを作り出す。ちょうど姿を見せた男性の友人も加わって、一緒に食べながら話に興じる。

「オクラホマ州はしょせんレッドネックの州でしかないよ」と男性の友人が半ば自嘲気に語る。スタインベックの「怒りの葡萄」は、干ばつに見舞われたオクラホマの貧農たちがカリフォルニアの大地を求めて旅をする物語だが、レッドネックとはその農民たちのような貧乏な白人のことだ。

「この州は、インディアンもいちばん多い所なんだよ。それでカジノはほとんど連中の経営になっているからね」

走っているとよくインディアンの領有地の標識を見かける。先住民族としてインディアンに領有することが認められている土地だ。多くが辺鄙な所にあって、そこに時折カジノを見かけることがある。アメリカではカジノの経営は法的に規制されているのだが、インディアンの領有地は一種の治外法権になっていることもあって、インディアンによるカジノの経営が盛んになっているらしい。

雑談しているうちに男性が「俺の趣味はナイフを集めることなんだよ。そいつを見せてやるよ」と言って、自分の部屋からナイフのコレクションを両脇に抱えてきて目の前に並べてみせる。ずらり並べられた中には日本刀もある。

男は日本刀を鞘から抜き、自慢そうに目の前に振りかざす。メイドインチャイナの艶消しの銘が入っている、いかにもまがいものといった代物だ。

「こいつがよく切れるんだよ」と言いながら、男性が自分の腕毛をぞりぞりと日本刀で剃り始めたので、恐怖のあまり腰が抜けそうになる。

なにせ、男性は強盗で刑務所に長期服役して、そこで二人を殺した人物だ。うっかり不用意な言葉遣いをして相手を怒らせて、刀を振り回されたりすればそれこそ命がない。すっかり怯えてしまってその場から一目散に逃げ出したくなるが、まさか本当に逃げるわけにもいかない。なんとか平然とやり過ごすうちにバーベキューパーティーもお開きになったので、胸をなでおろす。

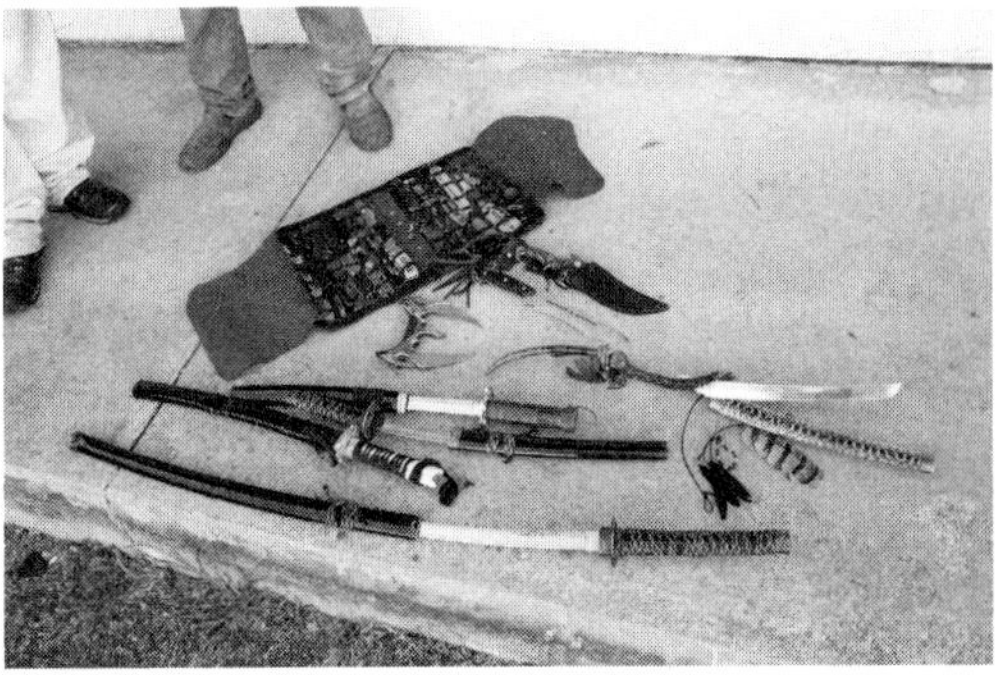

男が見せてくれた自慢のナイフ・コレクション

6月2日（日）

曇り。雨の予報が出ているが、午前五時半に出発。昨日は嵐が吹き荒れたりして、このところ天候が不安定なこともあって、天気が心配だ。

道路の周りは林が多い。人影のない所を走るのは事故が起きた時のことを考えたりして不安になるのだが、今日は時折人家を見かけるので、一安心。

しかし、走っているうちに道がわからなくなり、行ったり戻ったりの繰り返し。

やっとルート66を見つけ、ルーザー、ウェルストン、チャンドラーを通って、そこからダベンポートにたどり着く。

行く手には丘が次々と現われる。丘を上っては下り、また上るを周期運動のように繰り返しながら進む。

朝のうちは寒かったのだが、そのうち気温が上がり始める。昼頃には猛暑になり、熱中症を心配するほどになる。午後三時を過ぎてもいっこうに気温が下がる気配がない。

道路沿いには店らしい店はないが、ある程度の間隔でガソリンスタンドがある。そこに併設されているコンビニに立ち寄って、アイスやソフトドリンクを買ってほてった体を冷やす。店の前で立って飲み物を口にしていると、目が合った人たちが挨拶してくる。

今日の目的地ストラウドに着く。ホテルに着くとさっそく食料の買い出しだ。

レストランもあるが、食べる時間がもったいないので、近くのファストフード店に入って、明日の分も合わせてハンバーガー三個をテイクアウト。さらにサブウェイでサンドイッチ、スーパーでミルク、ヨーグルトを購入。缶ビールを買おうとすると「なにかＩＤカードを持ってる?」と訊かれる。

「モーテルにパスポートを置いたままだけど」と答えると首を振るだけで、売ってはくれない。

「いったい、いくつに見えると思ってるの?」さすがに呆れて、文句を言ってみる。

「五十歳くらいかな。でも、ここではＩＤカードがないと売れないんだよ」薬物は大量に出回っている国だが、酒類の販売は規制が厳しいのに驚く。

モーテルに戻って、ミルクを飲もうとすると悪くなっている。買ったばかりのミルクが傷んでいたのはこれで二回目だ。アメリカの食品の管理は結構ずさんなところがあるようだ。

今日の走行距離は九三km、累計は二、六二四kmとなった。

6月3日（月）

午前五時に起きて予報を確かめる。予報では雨の確率が低くなってきたので、ホッとしながらネットで宿の予約をして、タルサに向けて出発。ルート66を見つけて走りつづける。

ルート66は道路の幅や車線の数、路肩のサイズなどが統一されているわけではなくて、場所によって様々なバリエーションがある。全面的に造り直された所が多いが、古い時代のものがそのまま使われていて、改修の繰り返しでつぎはぎだらけになっているのもある。

自転車で走る場合にいちばん気になるのは、路肩に十分なスペースがあるかどうかだ。

道路端に白線が引かれていても、スペースがほとんどない所もある。このような道路が上り坂になったりすると危険そのものになる。上り坂は歩くことが多くなるが、右側交通のアメリカでは、歩いている時には身体が車道側に出てしまうからだ。狭い道路になると、そもそも白線もない所もあるので、さらに危険になる。

丘を上ったり、下ったりの繰り返しにクタクタになる。このところ湿度が高いので、走るのがつらい。

アメリカでは自転車に乗った人をあまり見かけないが、今日は二人見かける。車が普及する前は、アメリカでも自転車が普通に乗られていた時代もあったのだが、現在では自転車に乗る人は本当の少数派だ。

ヨーロッパでは、よく見かけたロードバイクさえもアメリカではあまり見かけない。ともかく、アメリカは広大すぎて、田舎などでは自転車はまともに使えないということらしい。それに車中心の生活に慣れ切ってしまって、体を動かすのが嫌いな人たちが多いことも自転車が敬遠される理由になっているようだ。

コンビニでミルクを購入したがまたもや傷んでいる。昨日に引き続き、これで三回目だ。品質管理のお粗末さにあきれてしまう。

午後一時過ぎにはタルサの中心からかなり離れた所にあるモーテルに到着。しばらくすると雨になり、雷まで鳴り始める。まさに間一髪で救われた感じだ。

今日の走行距離は八〇km、累計は二、七〇四kmとなった。

6月4日（火）休息日

タルサ滞在二日目。

天気は曇り。今日は休養日にして、書店で地図を買うために市の中心に出かける。アーカンソー川沿いに北に向かって走る。川沿いには公園や遊歩道が整備されていて、緑に包まれている。アメリカで羨ましくなるもののひとつは、公園などの規模の大きさだ。とにかく広々としているので、走っているとなんとも爽快な気分になる。アーカンソー川にかかっている橋を渡る。川幅が四、五百メートルほどもあって、赤茶けた水が渦を巻きながらうねるように流れていく。波を立てながら押し寄せてくる水の流れの暴力的ともいえる力強さに圧倒される。

橋を渡ると丘を真正面から横切るような道路をいくつも越えたり下ったりしながら進む。途中には緑に囲まれた住宅が並ぶ。

タルサは、オクラホマ州ではオクラホマシティに次ぐ、二番目の都市だけあって、その広大なこと。町の中心部には、高層ビルが立ち並んでいて、いかにも発展している都市のようだ。汗みどろになりながら、やっとモールの中にある書店にたどり着く。

地図を購入して、もと来た道を戻る。先日「オクラホマ州はレッドネックの住む所だよ」と自嘲気な言い方を耳にしたが、市内で見かける家々はみな立派なものばかりで、豊かな感じがする。

今日は地図一冊買うのにも往復で四二キロのちょっとした旅になってしまい、休養日にはならなかったようだ。

6月5日（水）

今日は昨日走ったルートを通って、クレアモアに向かう。

アーカンソー川沿いの公園の遊歩道を走る。朝早いこともあって、人影がない。野ウサギを見かけるが、のんびりしていて逃げようともしない。昨日見かけたガチョウの親子は、今日はいないようだ。

尻尾の辺りが盛り上がったような尾を持った、白と黒のまだらの動物が草むらに身を隠している。よく見るとスカンクだ。アメリカにはかなり生息しているらしいが、こいつに攻撃されてお尻からの分泌液を体に浴びると強烈な臭いが消えずにとんでもないことになるらしいので、あわてて逃げ出す。

対岸に渡り、東に向かって走りつづける。丘が次々と現れるので上りと下りを繰り返しながら進む。

高い丘になると高低差が大きいので、丘の上からの下りになるとまるで谷底に下りていくようなきつい傾斜になる。やっとのことでカトゥーサに着き、そこでルート66を見つけて、昼頃クレアモアへ着く。人口二万人ほどの町だ。今日も湿度が高くて、汗びっしょりの旅となってしまった。

今日の走行距離六一km、累計は二、八〇七kmとなった。

6月6日（木）

予報では、ほぼ雨だ。途中で雨になったら近くのモーテルに飛び込むつもりで予約もしないまま出発。

ルート66を走り始める。マイアミまで走るつもりでいたのだが、いまにも雨が降りそうな空模様になってきたので、とりあえず手前のバイニータまで走ることにして、先を急ぐ。

周りに畑が広がる辺りを走りつづけ、フォイル、チェルシー、ホワイトオークなどの小さな村を通り抜けて、バイニータに到着。人口六千人ほどのひなびた、いい雰囲気の町だ。

今日はそれほどの距離は走らなかったのだが、体調が良くないらしく、疲れがひどい。

ホテルを見つけて飛び込むと、部屋があったので胸をなでおろす。しかし、受付のインド人女性がやたらに無愛想な上に、部屋が古くて狭い。おまけに料金はネットの表示よりも20ドルも高いので腹が立ってくる。

モーテルのそばの線路を戦車が載せられた貨物列車が大きな警笛を鳴らしながら通過していく。

近くに中華の店があるので、昨日に引き続き中華料理にする。とにかく、毎日、ハンバーガー、サンドイッチ、それも前日テイクアウトしたやつなので、不味いを通り越してゴミを食べてるようなものだ。久しぶりにまともな料理らしい料理を食べて生き返ったような気分になる。

夕方から雨になり、そのうちに大雨になってしまう。今日は空模様を見て走るのを早めに切り上げて、ホテルに着いたのが、幸いしたようだ。

夜中、オルガンの重々しい響きにも似た、貨物列車の重低音の警笛が辺りを威圧するかのように伝わってくる。ベッドに横たわって、それを耳にしていると50日ほどになってしまったひとり旅のもの悲しさが心に溢れてくる。

今日の走行距離五七km、累計は二、八六四kmとなった。

6月7日（金）

今日の目的地ジョプリンはミズーリ州となる。いよいよ、ミズーリ州の厳しいルートになっていくので気を引き締める。ミズーリ州を乗り切ればその先は少し楽になっていくはずなのでここは耐えるしかない。

周りに農村風景が広がるルート66を走ってアフトンに着く。廃屋が並ぶ、なんとも寂しい感じの所だ。完全に活気を失って、ゴーストタウン寸前といった様子。

その次のセニカは清流の流れる緑に包まれた小さな村だ。静かで、落ち着いた感じがして、アフトンの寂れて、少し陰惨な雰囲気とは大ちがい。人々がひっそりとしながらもいかにも満ち足りた生活を送っているといった感じの所だ。

道が見つからないので、しかたなくインターステート44号線に入る。久しぶりにインターステートを走ったこともあって、トレーラーが轟音を立てながら隣を通り過ぎていくたびに縮みあがる。いままでよくもこんな怖い道路をずっと走ってきたものだとわれながら感心してしまう。

インターステートを下りた後は道を探しながらジョプリンへ向かう。

コンビニが目に入ると立ち寄っては冷たい飲み物を飲み、店員に道を尋ねる。自転車旅行には皆関心があるらしく、コンビニの前で休憩しているとたびたび話しかけられるが、話をしていても相手の話すことがなかなか聞き取れないこともあって、ただ笑顔を返すだけになってしまう。

ジョプリンに到着。人口が四万人ほどの大きな町だが、ここは竜巻で壊滅的な被害を被ったことのある町だ。予約してなかったが、ホテルが見つかったのでホッとする。

このモーテルもインド人の経営だ。オフィスに入って、インド人の女性相手にチェックインの手続き。昨日もそうだったが、無愛想そのもので、気配りとか繊細さが感じられない。こうたびたびのことになるとインド人は接客業に向いている人たちとは思えない。

夕方から雨になる。サンドイッチをテイクアウトするためにサブウェイに行く。頭と体を黒い布で覆ったヒジャブ姿の若い女性二人と少年が店に入ってくる。サンドイッチはハムを使うことが多いので、イスラム教徒はいったいなにを食べるのかと興味をもって、かれらが注文する様子を見ていると、チーズとツナを注文している。しっかりと、食の戒律は守っているらしい。食の宗教的な制約がなにもないのに食べるものがなくて毎日四苦八苦している自分からすると、食が制限されているインド人やユダヤ人、ムスリムたちが異国で頑張っている姿を見るとただ感心するばかり。

今日の走行距離は九八km、累計は二、九六二km、いよいよ三千kmが近づいてきた。

6月8日（土）

朝、出発して東に進む。途中には工場、農地が広がり、車が少ない。ニュートン・ロードから80号線に左折して北に進む。田舎の農道を走っているようなものなので、車が少ないのはいいが、あまりにも人影がないので心細くなる。

広大な牧場には牛が放牧されているが、相変わらず、牧場がやたらに広くて、牛の数が少ない。牛たちの姿を眺めながらその前を通りかかると牛たちが静止したままじっとこちらを見つめているのがなんとも愛おしい。しかし、自分たちの運命を本能的に感じているらしく、こちらを見かけると逃げ出す牛もいる。牛肉を食べる時には牛の命を考えたりすることはないのだが、牛たちのおびえる姿を見ると自分がどれほど残酷な存在なのかということを思い知らされて、ヴィーガンが肉屋を襲撃したりする気持ちがわかるような気がしてくる。

畑と林に囲まれた小さな道を進んでいると道路の真中にじっと坐ったままでいる小さな野ウサギの姿が目に入る。上半身を起こしたままの姿勢で逃げようとしない。不思議に思って、自転車から下りて近づいて見てみると下半身から血が出ていて、体をかすかに痙攣させている。動けなくなって、死を待ちながらじっとしているのだ。つぶらな瞳をした野ウサギが可哀そうになってきて、なんとかしてやりたいのだが、助ける術がない。トゥクムカリの辺りで見かけた、傷ついて動けなくなっていた鹿のことを思い出し、気持が沈み込んだまま、その場を去るしかない。

インターステート44号線の左側に側道があるのを見つけて、それを進む。サーコキシーというひなびた小さな町に着き、ベンチに坐って一休みする。

午後二時過ぎにマウント・ヴァーノンに到着。人口四千人ほどの町だ。インド人経営のモーテルに宿泊。

今日の走行距離は七一km、累計は三、〇三三km。いよいよ、三千kmの大台に乗った。

6月9日（日）

午前五時過ぎに出発。車が少ないので気楽な気分で走りつづけているうちに気温が上昇して、暑くなる。このところずっとフリースもパーカーも着ないままなので、ようやく初夏の気候になってきたらしい。しかし、湿気が強くて、走っていても汗びっしょりになってしまう。やがて周りには農地や牧場などの緑に包まれた世界が広がり始める。

農地に囲まれた小さな農道を走りつづけるが、位置を確認しようとしても周りには畑だけで、辺りには人家も標識も見当たらない。道を尋ねようにも人っ子一人いないのでは、どうしようもない。東に向かっているはずなのに、いつの間にか北に進んでいるのに気づき、不安になる。道を間違えたことに気づき、脇道を見つけて進んでいると目の前に四匹の犬が現れて、吠えまくる。通りすぎようとするとそばの一軒家から犬を制止する女性の声。

「しめた！　人がいる！」あわてて自転車から飛び下りる。中年の女性が家のドアから姿を現したので「道を探してるんですが」とさっそく道を尋ねる。

ポーチに立っている五十代くらいの女性はそれには答えないで「食事でもしていけば」と答える。

こちらは道に迷っているので、焦りながら「大きな道にはどう進めばいいんですか？」とその言葉を繰り返す。ところが女性は平然として「食事でもしていけば」と答えるだけ。

根負けしてしまって、こうなったら招待を受けるしかない。言葉に甘えさせていただいて、家に入ることにして、玄関から中に入る。

居間のソファーに腰を下ろして、犬たちを相手にしながら、待っていると間もなく、女性がキッチンから野菜と肉などを炒めた料理にパン、コーヒーなどを運んでくる。話をしながら、さっそく料理をいただくことにする。

「ここでは農業をやってるんですか?」

「小麦を作っているの。弟もすぐ隣で農業をやってるのよ」

「ずっと、ここに住んでるの?」

「いや、以前はペンシルベニア州に住んでいて、そこでも農業をやっていたのよ」

いままでの旅の体験を話しながら食事をしていると家の前では吠えまくっていた四匹の犬たちは、一転皆静かになって、周りに集まってくる。

そのうちの一匹が体をすり寄せてきて離れようとしない。なでてやると激しく息をしながら興奮しまくる。エベニーという名の雌犬だ。

歓待してくれた女性と犬たち

女主人がエベニーを叱って、落ち着かせようとするのだが、大はしゃぎは収まらない。エベニーは気に入った人間が現れたので、よほど嬉しかったらしく、興奮して全身で喜びを現わしまくる。その様子を見て、女主人は笑いっぱなし。

「動物が好きでロバも二頭飼ってるのよ」いかにも動物好きの、優しい感じの人だが、ペットにロバが飼えるアメリカの広々とした環境が羨ましくなってくる。

「ロバって、鳴き声がなんともすごいけど、可愛いですよね」オートマンで見かけたロバのことを思い出しながら話すと女性は大きくうなずく。

そそくさと食事を済ませて、女性から道を教えてもらって、出発。

教えられた道を北に向かって進む。周りは農地だけしかないので、相変わらずまったく人影がない。96号線にたどり着き、東に向かうと長い下り坂となって、爽快な走りとなる。やがて266号線から、さらに東に向かって走りつづける。

スプリングフィールドに着く。ルート66はもともとスプリングフィールドとセントルイスの間にあった道路を延長して造られたという経緯もあって、ルート66発祥の地として知られている町だ。人口が一五万人ほどで、広い通りに店が並んでいる、にぎやかな所だ。

ホテルを探し回りながら、午後三時頃、やっとホテルにたどり着く。この町は、セントルイスと並んで、ミズーリ州だけではなく全米でも犯罪の多い所としても知られているので、外を歩くのも少し緊張する。

今日の走行距離は七四km、累計は三、一〇七kmとなった。

6月10日（月）

朝食を済ませて、午前六時半に出発。外に出ると風が強く、長袖シャツだけでは寒いくらいの肌寒さ。

65号線を進むと周りは農地が広がるだけで人影がない。強い向かい風に悩まされながら、ルート66でストラフォード、マーシュフィールド、ニアングアを通って北に向かって進むが、上り坂が次々と現れるので、八マイル先のコンウェーが遠くに感じられる。くたびれはてて、休みを繰り返す。

延々と坂道がつづく。コンウェーの手前辺りで、一軒家のそばに二人の男性がいたので、さっそく道を尋ねる。

「まあ、そこに坐りなよ」年上の恰幅のいい男性が椅子をすすめる。

旅の話をしたりして、しばらく雑談となる。

「いま六十九歳なんだけれど、この近くのダラス郡でずっと警官やってたんだよ」と男性は腰の拳銃を指さす。警官の制服を着ているので、ボランティアみたいな立場でいまも警官の仕事をしているらしい。

「この辺りの治安はどうなんですか？　セントルイスはかなり危険な所だと聞いてるけど」

今朝出発したスプリングフィールドも治安は芳しくない所だったけれど、これから向かうセントルイスは全米でも有数の犯罪多発地帯ということもあって、気になっていたのだ。

「セントルイスは危険だよ。とくに東側が危険だから、気をつけなよ」と注意される。

「この辺りはどうなの?」

「そうだな。時には銃撃事件とか、女房を殴って騒ぎになったりとか、いろいろだね」この辺りは顔見知りばかりののどかな田舎町なので、それほどひどい事件はなさそうだ。

「毎日の楽しみはなんですか?」田舎暮らしの人たちの娯楽に興味をもって尋ねてみる。

「そりゃ、なんといってもバイクだよ」とそばに止めてあるバイクを自慢そうに指さす。

「とにかくホンダのバイクは最高だね」

「こちらではハーレーが人気だと思ってたけども」

「いや、なんといってもホンダがいちばんだよ。ホンダに乗っている姿をカメラで撮ってくれよ」とホンダのバイクをべた褒めしながら、バイクに乗ってポーズを取って見せる。

二人と別れて、コンウェーの小さな町を通ってレバノンに向かっていると方向がちがうのに気づき、五マイルほど戻って、やり直し。

午後七時すぎ、やっとレバノン着。人口が一万を超える大きな町で、ホテルが多い所だ。フロントの女性はあくびをしながらの対応でいかにもアメリカらしい。

今日の走行距離は一〇四km、累計は三、二一一kmとなった。

自慢のホンダに乗った元警察官

6月11日（火）

午前六時半にセント・ロバートに向けて出発。インターステート44号線の側道を走る。

周りには林が広がっていて、たまに農家らしいものを見かけるだけだ。そのうち道路の周りが繁茂した樹木に包まれてしまう。時折視界が開けるとはるかかなたまで樹木の海が広がっている。これまで茶褐色の砂地を見つづけてきたので緑のみずみずしさが目にしみる。

人影のない道を走りつづけ、ガスコザークの手前でガソリンスタンドと売店がぽつんとあるのを見つける。この辺りにはほかに店はないので、さっそく飛び込んで、道を尋ねる。

「ここから三マイルほど先に橋があるんだけど、その橋が落ちてしまったので道路が通れなくなってるよ」と言われてショック。他には道らしいものがない森の中の辺鄙な所で道が遮断されていれば、どうにもならない。

「でも、車じゃなくて、自転車だったらなんとかなるかもしれないよ。う回する道があるかもしれないからね」

周りは林が広がるだけで人家がない。不安を感じながら進み、鉄橋の前にたどり着く。橋はバリケードや鉄柵などで封鎖されて立ち入り禁止になっている。隣の方を見てみると新しい橋が建築中らしい。

橋の上の路面を見てみると陥没しているような箇所はないようだ。なんとか通れそうなので、橋を渡ることにする。

工事関係者に見つかったら止められそうなので、まずは自転車からバッグを外し、軽くなった自転車を持ち上げて柵の向こう側に移した後、柵を越え、バッグを自転車に積みなおして、橋げたに身を隠すようにしながら、ゆっくりと進み始める。まるで抜き足、差し足の泥棒になったような気分だ。

路面はボロボロの状態で、長い間使われてない様子。鉄の橋は錆びだらけで、おまけに使われている鋼材が薄っぺらすぎて、いかにも危うそうな造り。及び腰でなんとか橋を渡り終わる。

ガスコザークに向けて進む。キースから「自転車でアメリカ横断旅行をした時にいちばんつらかったのはガスコザークの辺りだったよ」と顔をしかめながら聞かされていたこともあって、緊張しながら進み、なんとかたどり着く。

ガスコザークは住宅だけが寂しげに並んでいて、店も見当たらないような、ひなびた小さな町だ。

バックボーンの手前でコンビニに立ち寄る。店の前で、自転車旅行中のひげ面の青年と立ち話。

「フロリダで看護師をやってるんだけど、今度、コロラドの病院で働くことになってね。フロリダからミシシッピ、テネシーなどを走って、コロラドに向かう途中なんだよ。自分にとってはこの旅が初めての自転車の長旅なんだよ。走った日数は五〇日ほどだね」自分とほぼ同じくらいの日数だ。

「いままでの道路はどんな状態だったの？　フラットだった？」

「とんでもないよ。起伏が激しくてね」

日本から来たことを話すと「日本にも行ってみたいな」いかにも海外での自転車旅行にチャレンジしてみたい様子。

「日本は食べ物がおいしい国だからね。こちらでは毎日ハンバーガーばかりなので、もううんざりだよ」

「自分だって、ハンバーガーは嫌いなんだよ」アメリカ人でハンバーガーが嫌いだとしたら食べるものがないことになってしまうが、あまり頓着している様子がないのが、いかにもアメリカ人らしい。

青年としばらく話をした後、目的地のセント・ロバートまであと十数キロを残すだけとなったが、なにせ丘の上にある町なので、最後はきつい上りになる。

上り坂の途中でタイ料理店を見つけて、そこで食事をした後、延々とつづく丘の坂道を自転車を押しながら上りつづけて、午後三時過ぎに、町に到着。ホテルにチェックインする。

今日の走行距離は六〇km、累計は三、二七一km。

6月12日（水）

雨の予報が出ていて、雲が厚い。インターステート44号線のそばにある田舎道を進む。やがて牧場や林が多くなり、人家も見かけなくなる。車が少ないので走るのは楽だが、人が見当たらないので、道に迷っても道を尋ねるわけにはいかない。そのうち、辺りには森が広がり、聞こえるのは鳥や虫の鳴き声だけ。坂道が多くなったので歩くことが多くなる。あまりにも起伏の激しい上り坂がつづくので、上り坂が現れると最初から自転車を押しながら歩くことにしているのだ。ニューバーグを通り過ぎるとすぐにひなびた小さな田舎町、ドゥーリトルに着く。

雨が降り出したので、パーカーを着る。周りを山に囲まれた谷底みたいな所を一人走っていると、車が通らないので、不安になる。

雨の中、やっとローラに到着。道路脇のホテルの前のベンチに身を投げ出すようにしてへたり込む。キースから聞かされていたとおり、この辺りの地形はやはり自転車には厳しすぎる。この空模様の中で、へたばってしまうとなんのあてどのない旅をしている気分になってきて、気が滅入るばかり。しばらく休んだ後、鉛のように重くなった体を励ますようにしながら、また自転車に乗って、進み始める。

パンクにはさんざん苦しめられてきたので、神経過敏になっているらしく、段差のある箇所を通る時タイヤから衝撃が伝わってくるたびに冷っとする。パンクの時のタイヤが瞬間的に沈むような動きを体が覚えているからだ。こうなったらパンク恐怖症といってもいいかもしれない。

しかし、よく考えてみると、このところは、なんとかパンクしないで済んでいる。バーストしたタイヤ片が散乱するインターステートを走ることが少なくなり、交通量の少ない小さな道路を走るようになったためのようだ。それにサンタフェで、パンクに強い、頑丈なタイプのタイヤに交換したことも効果が出ているようだ。

午後二時過ぎにはセント・ジェームズに到着。人口四千人ほどの町。

ホテルに着くと土砂降りになる。ただでさえ疲れはてているのに、こんな空模様の時に走っていたら悲惨そのもの。とにかく、自転車旅行は大雨にたたられたら地獄だ。

今日もインド人経営のモーテルだ。インド人の女性スタッフは気配りのある人で、インド人女性にしては珍しい。

今日はハンバーガー二個しか口にしていないので、ミルク、ヨーグルト、バナナ、インスタント焼きそばを買ってきて、部屋で食べる。こちらでは、日本製のカップ麺やインスタント焼きそばの人気があるらしく、スーパーなどではおなじみの食品だ。日本では普段はあまり口にしていないのだが、こちらの食べ物にうんざりしていることもあって、まさにご馳走だ。

今日はへばってしまったので、明日からはしばらくの間、あまり長い距離を走らないことにして、疲れをとることにする。

今日の走行距離は六九km、累計は三、三四〇kmとなった

6月13日（木）

朝起きると寒さを感じる。疲れがたまっている上に明日からしばらくの間は雨の予報が出ているので、これからは、走る距離を短めにして、バーボン、セント・クレア、ユリーカで泊まりながらセントルイスに向かうことにする。

側道のルート66で進む。ファニングを通り過ぎて、キューバに着く。人口三千人ほどの小さな町の目抜き通りを進んでいると建物の壁に大きな絵を描いている若者たちを見かける。この町では、壁画が町のセールスポイントになっているらしく、通り沿いのあちこちに大きな壁画が並んでいる。

ルート66沿いの町には、新建材を使って再開発して、時の流れの醸し出すおだやかな雰囲気を台無しにしてしまったような所が少なくないが、この町は、かつての町並みを保存して、古い時代をテーマにした壁画で飾っているので、眺めているだけでも心を穏やかにさせてくれる。

小さな出版社の建物の前面に描かれた壁画が気に入って、その写真を撮っていると建物から女性が

出てきて「この町にはほかにも素敵な壁画がいっぱいあるから、見物していってね」とパンフレットと地図をくれる。それを見るとこの町は、ルート66の壁画の町として知られているらしい。

地図を見ながら、見物して回る。ルート66沿いだけあって、やはり古い時代をテーマにしたものが多い。静かな、小さな目抜き通りにバイクの爆音が響き渡り、ハーレーの集団が通り過ぎていく。例によって、両腕にはタトゥーが入ったひげ面の巨漢ぞろい、いかにもならず者の集団といったハーレー野郎たちが通り過ぎていく。

しばらくして、またバイクの音がするのでハーレーが来たと思ってると今度はホンダのゴールドウィングの二〇台ほどの集団だ。やたらに爆音をまき散らしているハーレーとちがって、音がおだやかな重低音、乗っているのは中年のいかにも普通の感じの人たちだ。やはり、ハーレーとホンダでは乗る階層もタイプもまったくちがっているようだ。

壁画に飾られた建物が並ぶキューバの町

昼前にバーボンに着く。人口千数百人の小さな町だ。

モーテルは例によってインド人の経営だ。宿泊カードに記入して、受付のインド人女性にクレジットカードを渡すとあたかも偽造カードかのような露骨に疑ってかかるような表情をする。この様子を見ていると繊細さや気配りとは無縁で、とても接客業に従事している人間とは思えない。

アメリカで、ホテルを経営しているのはムンバイ出身のインド人が多い。全体的にホスピタリティが欠如していたり、愛想がなかったり、粗野な印象を受けることが多い。インド人と接触しているうちに、インドという国がどういう社会なのか少しすけて見えるような気がする。

「いままで、毎日、カードを使ってきてるんだよ」相手の失礼な態度に、さすがにこちらもムッとして抗議すると相手もおとなしく引き下がる。

ルート66を進みつづけて、ミズーリ州になんとかたどり着いたが、銃砲店や質屋が多いことに気づく。それもどういうわけか、銃砲店は質屋を兼ねている所が多い。

それにルート66を走り始めた頃はあまり見かけなかった教会も、東に向かうにつれて目立ってきたようだ。

農業が盛んで、人のつながりの強い保守的な土地柄ということが関係しているのだろうか。

アメリカという国が宗教的迫害を逃れてきた人々によって建国されたという歴史的な経緯があるとしても、ヨーロッパで宗教離れの傾向が顕著になっていることを考えると、アメリカでいまも宗教が大きな影響力を持っているのがなんとも不思議に思えてくる。

そもそも、アメリカ人は、明るくて、なにごとにもアグレッシブで、些末なことにはこだわらない、たくましい人々、そしてなによりも現世的で生活をエンジョイする人々というイメージがある。しかし、時には感情のブレーキが利かなくなって暴発したり、不安にとらわれやすいような一面があるように感じることがある。

アメリカでは、かつて精神分析医に診てもらうことが流行していたし、いまはオピオイドなどの鎮痛剤が大量に出回っていたりしている状況を考えるとアメリカ人にはどこかメンタル的にひ弱な一面を持っていて、そのことが宗教を必要としているのではないかという印象を受ける。

このことは、アメリカという国が、人種、民族、宗教ごとに分断され、国民を一体化させるような伝統的な文化を持たない国でありながら、移民などの新参者の流入圧力にさらされ、弱肉強食の社会でありつづけるしかない宿命を背負っていることとも関係しているような印象を受ける。

寄る辺のない故郷喪失者にとっては、宗教は孤立感を癒してくれるオピオイド、いわば天然の精神安定剤としての役割を果たしているといってもいいのかもしれない。

いずれにせよ、神にすがりながら生きている民族は、表面的にはたくましく見えたとしてもメンタル的にはどこかぜい弱な部分を持っていることは間違いないようだ。

今日の走行距離は四二km、累計は三、三八二kmとなった。

6月14日（金）

午前六時、肌寒いのでパーカーを着る。少し明るくなるまで待って、出発する。坂を上がったり下ったりしながら道を探すが、結局見つけられないまま、いったん出発地点まで戻って、道を探してあらためて出発。これで四キロも無駄に走ってしまった。

インターステート44号線をしばらく走った後、右手に側道を見つけて、移動する。

農地や林、森のそばを走りつづける。農家を時々見かけるだけで、人影がない。森の中の道を走っていると久しぶりに人を見かける。ウォーキングしている男性だ。

「今はリタイヤしたけど、以前はセントルイスにあるマクドネルの工場で戦闘機を組み立てる仕事をしてたんだよ。言っとくけどな、マクドナルドじゃなくて、マクドネルだぞ。ハンバーガー作ってたわけじゃなくて、戦闘機なんだぞ」と自慢げに語る。

「よくウォーキングはしてるの？」

「毎日二〇マイルほども歩いてるよ」アメリカではジョギングをしている人はたまに見かけるが、ウォーキングをする人はわりと珍しい。

道路の周りは林や農地が延々とつづく。起伏はあまりないが、二〇キロほど走った辺りで、ダウンしてしまう。

昼前にホテルのあるセント・クレアに到着。人口四千人ほどの町だ。アメリカの町を歩いていて、気づくのはタトゥーやピアスをしている人が目立つことだ。それも男性だけではなくて女性にも多い。しかし、どう見ても醜悪としか思えず、見かけるたびにその異様さに引いてしまう。

タトゥーをする動機には、ファッション感覚や目立ちたいという顕示欲、個性的でありたいという願望など様々な理由があるのだろうが、アメリカは弱肉強食で、治安の芳しくない社会ということもあって、不良っぽく見せて相手を威嚇する一種の武器としての用途があるのかもしれない。

それにアメリカ人は合理的で、即物的というイメージがあるが、もともと一神教を信じる、かなり迷信深いところもある人々だ。

そういう人々がタトゥーを魂にエネルギーを吹き込む手段と考えていても不思議はない。そう考えると、アメリカ人にとってはタトゥーは単に外見を飾るためのものではなく、スピリチュアルな変身願望の現れみたいなものなのかもしれない。

一日中走っているので、やはり道路のことが気になる。アメリカの道路は全般的にゴミが少なくて、きれいな状態に保たれているように感じることが多いが、インターステートとなると話は別だ。路肩にはバーストしたタイヤ片はいたるところに散乱しているし、酒瓶でも投げたのか、ガラス片が散らばっているのもよく見かける。車から脱落したらしい、ボルトなどの金具類もおなじみのものだ。とにかくペンチからシャベル、ジュラルミン製の工具箱にいたるまでなんでも落ちているといった具合。薬物中毒者が捨てたものなのか、注射器まで見かける。

道路脇の標識には、ゴミ捨て禁止の他にも様々なものがある。速度制限の他に飲酒運転を見かけた時の連絡先の表示などだ。

インターステートは長距離を走るので、飲酒癖のあるドライバーが我慢できずに飲んでしまうのだろうか、ウィスキーの小さな空きボトルも時々見かけるのでやはり飲酒運転は多そうだ。

しかし、インターステートではパトカーが走って取り締まりをしている光景はあまり見かけない。車線がいくつも並んでいて、大型トレーラーが爆走しているので、事故を誘発したりする危険性が高すぎるということなのかもしれない。

今日の走行距離は四三km、累計は三、四二五kmとなった。

6月15日（土）
セント・クレア滞在二日目。

朝から雨。予報ではしばらく天候不良になっているので、今日は休養日にする。昼、中華料理店に行って、テイクアウトを持ちかえって、久しぶりのまともな食事となる。

ところで、アメリカではファストフードの店や酒屋はよく見かけるのだが、どういうわけか居酒屋の類をあまり見かけない。かつて人気のあった西部劇映画では カウボーイが集まるサルーンバーがおなじみの場面だった。サルーンバーとは、入り口に両方へ開くスイングドアがある酒場のことだ。この場面になると乱闘騒ぎになるのが決まりごとみたいなものだったが、実際、酒場は荒くれ男たちの集まる場所だったらしい。それが尾を引いていて、いまでもサルーンバーという名称を使うのが禁止されているらしい。しかし、酒場自体がいったいどこへ消えてしまったのか、謎としか思えない。

かつて禁酒法が施行されていたり、いまでも地方レベルでは禁酒法が施行されている所が少なくないことを考えるとアメリカの社会では飲酒に対して寛容でないところがあるらしい。荒っぽい気性に加えて、銃が野放しになっていることもあって、酒に酔って暴れでもされたら、それこそ大事になってしまうという現実的な恐れが、酒場を見かけない理由かもしれない。

6月16日（日）

雨の予報が出ているが、朝五時からのホテルの朝食を食べて、すぐ出発。外に出るとまだ暗い。ルート66を探して走り始めるが、小雨がぱらつき始める。

インターステート44号線の側道を走る。側道はインターステートの左側になったり右側になったりするので、移動を繰り返す。

やがて雨が激しく降り出し、あちこちに水たまりができるほどの大降りになる。雨宿りの場所を探しながら進んでいるうちに廃業したモーテルの前を通りかかる。客室の前に軒があるのを見つけてそこに逃げ込み、坐ったままで二時間以上も雨宿り。小降りになったのでまた走り始める。しばらく進むとそこにも廃業したモーテルを見つける。建物がまだ新しくて、しかもかなり大きなモーテルだ。廃墟になったモーテルはあちこちで見かけるのでとくに珍しいものではないが、新しい建物が放棄されるとは、よほど競争が厳しいビジネスらしい。

路肩に鹿が横たわっている。車にはねられたものだ。道路では小鳥やウサギといった小動物の死骸は頻繁に見かけるが、時には鹿や羊なども見かける。

そして、このところ目立ってきたのはアルマジロの死骸だ。注意していると路面にはその甲羅の破片があちこちにころがっている。アルマジロはもともと南米原産だが、アメリカでも大繁殖しているらしい。五〇センチ以上もあるような長い尾があって、大きな鱗みたいな硬い甲羅で覆われたなんとも奇怪な形をしている。車にひかれたばかりのものは辺りが鮮血にまみれていたりして薄気味が悪いので、いつも目を背けて通り過ぎる。

パシフィックを通り、午前九時にはユリーカに着く。モーテルのチェックインまで時間があるので、ロビーで時間を過ごす。ここはチェーン系のモーテルだが、ここのスタッフもやはりムンバイ出身のインド人だ。

インドで英語が公用語になっていたり、ムンバイは港町ということもあって世界に目が向いていたりすることも関係しているのだろうが、なによりもまず住民の半分以上がスラムに暮らし、ホームレスの溢れている土地の出身者にとっては海外での厳しい仕事などどうということはないといったところだろうか。

かれらの生活力は、ヒューマニズムみたいなものを安っぽいセンチメンタリズムにすぎないと冷笑するような、たくましさに支えられているような感じがする。

アメリカで目立つものに肥満者がある。それも、ぎょっとするほどの肥満体だ。老若男女を問わずだから、肥満は相当深刻な状態といっていい。日本では、レストランで食事する時は、水かお茶を飲みながら食事するのが普通だが、こちらのレストランではソフトドリンクを飲みながらの食事が多い。一リットルほども入る大きなカップで飲み放題の甘いソフトドリンクを飲みながら、ハンバーガーを頬張っている様子を眺めていると食事をまるでおやつ感覚でとっているみたいでどこか違和感を持ってしまう。

それに、スーパーには電子レンジで温めるだけのレトルト食品の類ばかりが並んでいて、まともに料理をしているようには見えない。

異常な肥満はカロリーの高いものを大量に食べる食生活ばかりだけではなく、運動不足も原因しているようだ。

とにかく、一見しただけで日頃まともに体を動かしていなさそうな人が目立つ。アメリカは、歩いたり、自転車に乗ったりして、通勤、通学、買い物に出かけたりすることが考えられないし、家の周りにはのんびりとウォーキングできるような環境もない。そんなこともあって、体を動かす習慣が身についていないようだ。車社会が究極までいくとこうなるという見本みたいなものだ。

アメリカは先進諸国の中では異例ともいえるほど平均寿命が低い国だ。これには医療保険の整備の遅れ、貧富の格差、治安の悪さなど、様々な要因が関係しているようだが、カロリーだけはやたら過剰なわりに貧弱な食生活や運動不足が大きく影響していることは間違いないようだ。

今日の走行距離は三九km、累計は三、四六四kmとなった。

第十章　恐怖の町セントルイス

6月17日（月）

いよいよ、今日はセントルイスに向かう。

予報では、昼から雨になっているので、少しでも距離を稼いでおきたいこともあって、午前五時半に出発。今日はセントルイスに近づいた辺りから都市部の複雑なルートになるので、うまく走れるか心配だ。

109号線を走り始めると山の中を通る細い道路だ。曲がりくねった上り坂が多いので、押して歩くだけになる。セントルイスという大きな町の近くでまさかこれほど起伏の激しい道に遭遇するとは思いもよらなかった。車はやたらに多いので、車にびくびくしながら進む。道路の両側には、林が広がり、その奥には緑に隠れるように建っている民家が時折姿を見せる。

案の定、途中で道がわからなくなる。こうなったら車の流れに合わせて、しばらく進むしかない。走っているうちにエリスヴィルという所に着く。ここからセントルイスの中心に向かうには100号線で東に進むだけなのがわかって、一息つく。走り出すと交通量は多いが道路が広いので気分的に楽だ。

デイ・ペレを通った辺りで雨が降り始める。やがてセントルイスの中心からかなり南の町外れに着く。辺りには、古ぼけた工場や資材置き場みたいなものがあるだけで、閑散として、うら寂しい所だ。

そもそも、セントルイスのどこに着いたのかわからないので、ホテルまでどの道を進めばいいのか見当もつかない。途方に暮れているうちにコンビニを見つけて、立ち寄ってみることにする。

これからどうしようかとぼんやりと考えながら店の前で雨宿りしていると駐車中の車から出てきた三十歳くらいの白人の青年から話しかけられる。ピアスにタトゥーのある、顔に傷のある男だ。チンピラ然とした顔つきで、薬でもやっているらしく焦点の合わない目つきがいかにも危なそうな感じがする。

どこをどう進めばいいのか思案していたこともあって、まともに相手にもしないで、のらりくらりと適当な受け答えしているうちに、同じ車に乗っていた仲間の黒人が話しに割り込んでくる。男の弛緩したような顔だちは、やはりジャンキーらしい雰囲気がする。

「お前、ここでなにやってるんだ！　おい、なにをしてるんだよ！」黒人が問い詰めるような言い方をしてくる。

「雨が降ってるから、ここで雨宿りしてるだけなんだけど」

黒人は斜に構えるような姿勢になって、顔をゆがめながら、まくし立ててくる。相手の言っていることがうまく聞き取れないので、相手の勢いに呑まれてしまって言葉につまってしまう。

黒人は、こちらの要領を得ない態度に腹を立てたのか、さらに声を荒げる。因縁をつけるような言い方をしながら、体を押すような動きをし始める。

黒人の隣にいた白人がとりなすようにして、激高しそうになっている黒人をなだめ始める。
「これはちょっとまずいことになってきたな」黒人がなにを怒っているのかわからず、恐怖心にとらわれて体がこわばる。この黒人、こちらがあいまいな答えしかしなかったので自分が無視されたと思い込んだらしい。

これ以上この変な連中につきまとわれたら、とんでもない目に遭いそうなので、二人が目を離した隙を見て、その場から逃げ出す。自転車で走り出すとすぐそばにサブウェイがあるのを見つけて、さっそくそこに飛び込む。しばらく雨宿りしながら連中をまくことにして、サンドイッチを食べながら地図を調べると100号線とセントルイスの中心を南北に通るキングスハイウェイ・ブールバードの交差する辺りにいることがわかる。店で一時間ほど雨宿りした後、北の市の中心部に向かう。

しばらく走っていると、左側にセントルイスの中心に位置する広大なフォレスト・パークの緑が広がり始め、右側にはバーンズ＝ジューイッシュ病院の大きな建物が現れる。セントルイスの中心部だけあって、通り沿いの建物の巨大さに圧倒される。そこを通り過ぎて、さらに北に向かう。

ページ・ブールバードにたどり着き、右折してグランド・ブールバードに向かって進むと黒人の姿が目立ち始める。黒人の居住地区に入ったのだ。黒人の経営する店が並び、住宅は空き家が目立つ。あちこちの建物には黒人の肖像をデザインしたポスターが貼られ、この地区は俺たちの領土だと主張しているかのようだ。これまでも何度か、黒人居住地区の店に入った時などに黒人たちから鋭い視線をあびて、冷やりとするものを感じたことがあったので、緊張する。

セントルイスはホテルの料金が高いので、ネットで探しまくって市の中心から少し北に離れた辺りに安ホテルを見つけて、二泊の予約をしていた。料金が破格の安さということもあって、ひょっとしたらホテルは治安の悪い地域にあるかもしれないという不安があったのだが、やはり予感は的中した。

通り沿いの建物を眺めながら走っていると、あちこちの住宅の前には「お互いに殺し合うことをやめよう！」「お互いに愛し合うことから始めよう！」というスローガンが書かれた標識が並べられている。

多民族国家アメリカに住む人種民族のうちで黒人の平均寿命は格段に低い。それは黒人同士の殺人事件が多くて、被害者になる確率が高いからだ。まさにそれを物語るかのような標識が道路沿いの所々に並んでいる。

セントルイスの治安の悪さは全米でも最上位にランクされている都市なので、危険な所であることはわかっていたのだが、「殺し合うことをやめよう！」の掲示板を目にするとさすがに恐怖心に襲われて、一目散にその場から逃げ出したくなってくる。

いかにも治安の悪そうな辺りで酒屋を見かけたのでモーテルの場所を尋ねるために店に入る。棚はいかにも安酒といったブランドのボトルがずらりと並べられ、レジは鉄格子で囲まれている。鉄格子越しに店員にホテルの場所を尋ねると、若い店員が「本当にそのホテルに泊まるつもりなの？」そんな危ない地域に本当に行く気なのかと言いたげな表情になって、道を教えてくれる。

ホテルを探しながら走っているうちにようやく近づいてきたらしい。ホテルの面しているグランド・ブールバードは、大きな建物が並ぶセントルイスの中心を通る大通りなのだが、中心部から少し北に向かうと放棄された建物や空き地が目立ってきて、寂れた一画となる。そこを少し進んだ辺りにモーテルを見つける。周りには、キリスト教の教会や閉鎖されたままになっているイスラムの集会場の小さな建物が寂しげにたたずんでいるだけで、まったく人影がない。辺りにはゴミが散乱して、雑草に覆われた空き地が広がっているだけで、住宅も店らしいものもない。見放されてしまったかのような辺り一帯の荒涼とした光景を見ているととてもまともな治安の所とは思えない。

予想通り、薄汚れた、陰惨な感じのする、みすぼらしい小さなモーテルだ。一目見て、言葉を失くしてしまう。気が重くなったまま、しかたなく小さな敷地に入りかけると入り口の辺りに鉄格子で囲まれた受付の窓口がある。敷地の真ん中の狭い駐車スペースを囲むようにみすぼらしい部屋が並び、前のベンチには宿泊客らしい黒人たちが坐って話したりしている。

および腰になりながら受付でチェックインして部屋に入る。狭くて古ぼけた、なんとも無残としか言いようのない部屋だ。目をそむけたくなるような陰鬱な部屋の様子に暗澹とした気分になって、ベッドに坐って頭をかかえてしまう。

明日はセントルイス動物園に行く予定なので明日も宿泊の予約しているのだが、ここに二泊する勇気がない。部屋の中で明日のホテルをどうするか迷いつづけ、心の重みで息苦しささえ覚えてくる。

今日の走行距離は五三km、累計は三、五一七kmとなった。

6月18日（火）休息日

セントルイス滞在二日目。

昨日からずっと他のホテルに移ることを考えたのだが、ホテルを替わるとすればチェックインの時

郵 便 は が き

適宜な
切手をお貼り
下さい

〒101-0064

東京都千代田区
神田猿楽町2-5-9
青野ビル

（株）未知谷 行

ふりがな	お齢
ご芳名	
E-mail	男

ご住所 〒　　　Tel.　-　-

ご職業	ご購読新聞・雑誌

愛読者カード

ご購読ありがとうございます。誠にお手数とは存じますが、アンケートにご協力下さい。貴方様の貴重なご意見ご感想を賜わり、今後の出版活動の資料として活用させて頂きます。

本書の書名

お買い上げ書店名

本書の刊行をどのようにしてお知りになりましたか?

書店で見て　　広告を見て　　書評を見て　　知人の紹介　　その他

本書についてのご感想をお聞かせ下さい。

ご希望の方には新刊書のご案内をさせて頂きます。　　要　　不要

信欄(ご注文も承ります)

刊行案内

No. 58

（本案内の価格表示は全て本体価格で
ご検討の際には税を加えてお考え下さ

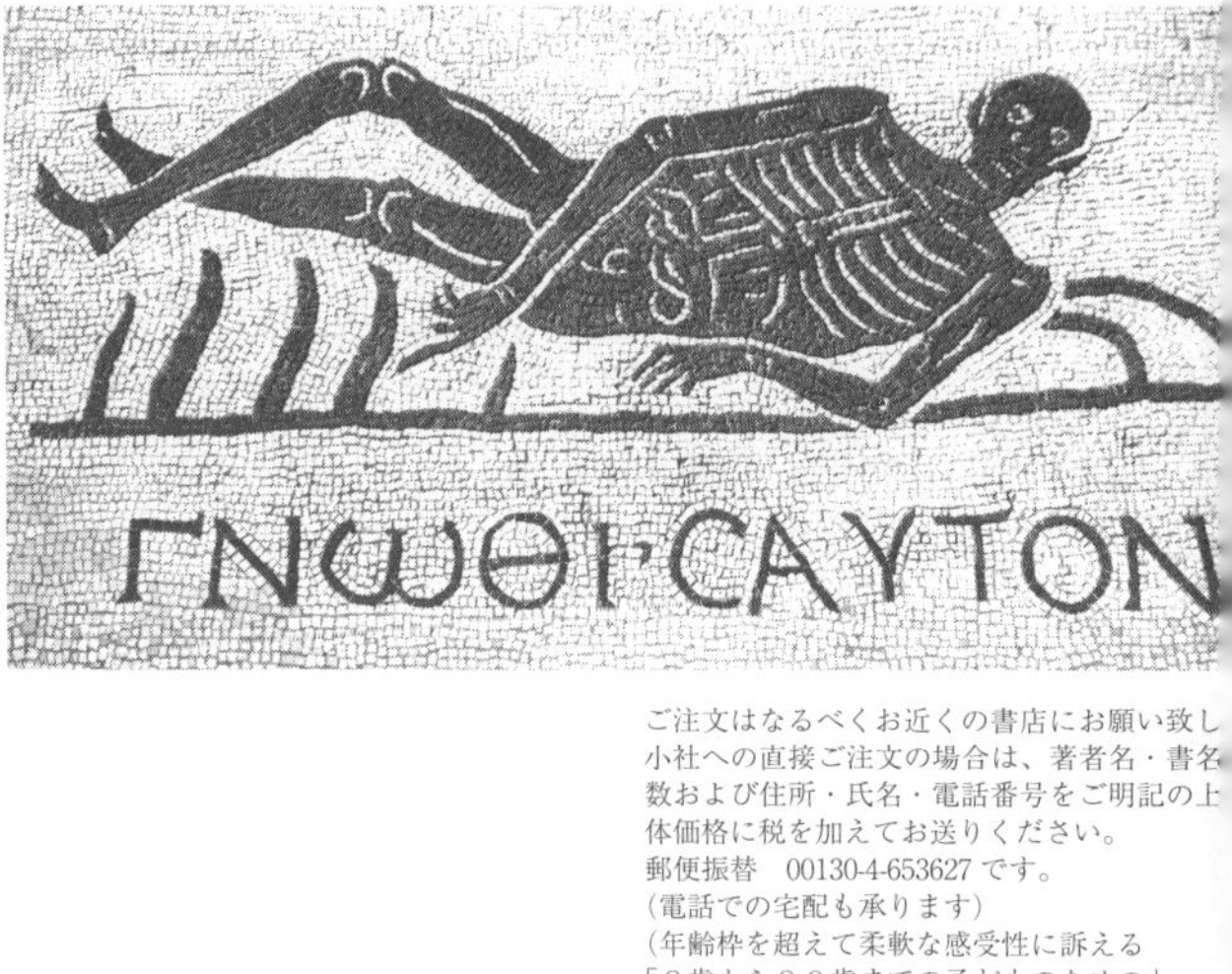

ご注文はなるべくお近くの書店にお願い致し
小社への直接ご注文の場合は、著者名・書名
数および住所・氏名・電話番号をご明記の上
体価格に税を加えてお送りください。
郵便振替　00130-4-653627 です。
（電話での宅配も承ります）
（年齢枠を超えて柔軟な感受性に訴える
「８歳から８０歳までの子どものための」
読み物にはタイトルに＊を添えました。ご検
際に、お役立てください）
ISBN コードは 13 桁に対応しております。
総合図書目

未知谷
Publisher Michitani

〒 101-0064　東京都千代田区神田猿楽町 2-5-9
Tel. 03-5281-3751　Fax. 03-5281-3752
http://www.michitani.com

リルケの往復書簡集二種完結

「詩人」「女性」からリルケ宛の手紙は本邦初訳

若き詩人への手紙

き詩人F・X・カプスからの手紙11通を含む

イナー・マリア・リルケ、フランツ・クサーファー・カプス著
エーリッヒ・ウングラウプ編／安家達也訳

208頁 2000円
978-4-89642-664-9

若き女性への手紙

き女性リザ・ハイゼからの手紙16通を含む

イナー・マリア・リルケ、リザ・ハイゼ 著 ／ 安家達也 訳

176頁 2000円
978-4-89642-722-6

8歳から80歳までの

岩田道夫の世界

子どものためのメルヘン

岩田道夫作品集 ミクロコスモス ＊

フルカラー A4 判並製 256頁 7273円
978-4-89642-685-4

彼は天才だよ、作品が残る。生きた証も人柄も全てそこにある。
家はそれでいいんだ。」（佐藤さとる氏による追悼の言葉）

波のない海＊

192頁 1900円
978-4-89642-651-9

長靴を穿いたテーブル＊

200頁 2000円
978-4-89642-641-0

走れテーブル！　全37篇＋ぷねうま画廊ペン画8頁添

音楽の町のレとミとラ＊

144頁 1500円
978-4-89642-632-8

レの町でレとミとラが活躍するシュールな20篇。挿絵36点。

ファおじさん物語 春と夏＊

978-4-89642-603-8 192頁 1800円

ファおじさん物語 秋と冬＊

978-4-89642-604-5 224頁 2000円

らあらあらあ 雲の教室＊

シュールなエスプリが冴える！　連作掌篇集　全45篇
廊下に出ている椅子は校長先生なの？　苦手なはずの英語しか喋れない？　空から成績の悪い答案で出来た紙飛行機が攻めてくる！　給食のおばさんの鼻歌がいろんな音に繋がって、教室では皆が「らあらあらあ」と笑い出し……

192頁 2000円
978-4-89642-611-3

ふくふくふくシリーズ　フルカラー64頁　各1000円

ふくふくふく **水たまり＊** 978-4-89642-595-6

ふくふくふく **影の散歩＊** 978-4-89642-596-3

ふくふくふく **不思議の犬＊** 978-4-89642-597-0

ふくふく　犬くん　きみは一体何なんだい？　ボクは　ほんとはきっと　風かなにかだと思うよ

イーム・ノームと森の仲間たち＊

128頁 1500円　978-4-89642-584-0

イーム・ノームはすぐれた友だちのザザ・ラパンと恥ずかしがり屋のミーメ嬢、そして森の仲間たちと毎日楽しく暮らしています。イームはなにしろ忘れっぽいので　お話しできるのはここに書き記した９つの物語だけです。「友を愛し、善良であれ」という言葉を作者は大切にしていました。読者のみなさんもこの物語をきっと楽しんでくださることと思います。

間まで待つことになるし、それでは予定している動物園見学の時間がなくなってしまう。それに荷物を積んだ自転車を外に置いたままにして見学をするのは盗難に遭う危険がある。そこで、覚悟を決めて、今日もこのホテルに滞在することにする。

動物園は、八キロほど離れた市の中心部のフォレストパークにあるので、自転車で行った方がいいのだが、セントルイスの治安の悪さを考えると、動物園の辺りに長い時間自転車を置いたままにするわけにはいかない。そこで、しかたなく動物園には歩いていくことにする。

朝七時過ぎに、ホテルを出て、グランド・ブールバードを南に向かって歩き始める。空き地ばかりがやたらに目立つ、寂れた辺りを歩いていると黒人の若い女性が話しかけてくる。小柄で華奢な感じの二十代の女性だ。

早口で話すので、相手がなにを言っているのかよくわからない。

「家には小さな子供がいて暮らしに困っているので、3ドルちょうだいよ」とでも言っているらしいのだが、言葉がうまく聞き取れないので、相手にしないでそのまま歩く。

ところが、この女性はなおもついてくる。つきまとわれたりしたら困るので、足早に歩き始めるのだが、女はそばから離れようともしない。女性を振り切ろうとして、さらに歩くのを速めかけたとたんに、女は突然こちらの腰にぶら下げていたチェーンを引きちぎってしまう。

自転車のキーを失くさないようにチェーンにつないで、短パンのベルト通しにつけていたのだが、女はキーのついたそのチェーンを奪い取ってしまったのだ。

一瞬唖然として、「返せよ！」と怒鳴りつける。ところが女は平然とした表情で、右手で掴んだチェーンをかざしたりして、挑発するような素振りをしてくる。大事なキーを奪われたので、さすがに焦って取り戻そうとするが、女は素早く身をかわしてしまう。驚くべき俊敏さだ。

「チェーンを返せよ！」と再び大声を出して相手に近づこうとするとまたもやするりと逃げてしまう。動物を思わせる機敏さにはとても手が出ない。しかたなく、財布から3ドルを取り出して渡してやる。しかし、女は「ほら、取れるもんなら取ってみな」と言わんばかりにチェーンを見せびらかすような仕草をするだけで、なおもチェーンを返そうともしない。何度もやり取りを繰り返して、やっとチェーンを取り戻す。

女が3ドルを手に入れたので、これでやっと引き下がると思いながら、チェーンを手にしてその場を離れようと急ぎ足で歩き出す。ところが、この女はなおもつきまとってくる。

さらに驚いたことには、女は財布を入れている膝のポケットにいきなり手を突っ込んで財布を奪おうとする。大声で怒鳴りつけて、女を追い払おうとするが、なおも引き下がらず、繰り返しポケットを狙いつづける。女の動きを警戒しながら足早に歩くうちに辺りに通行人が現れたので、ようやく女は引き下がる。

この女、やせて小柄だが、俊敏そのもの。女の手首を掴まえようとしても相手の動きの身軽さや素早さにはとても歯が立たない。腕ずくで奪い返すのは、やってやれないこともなさそうだが、万一、相手にケガでもさせたりすれば、騒ぎ立てられたりして、それこそ相手の思うつぼだ。そのことを考えると強引な手段を取ることはあきらめるしかない。

この種の根っからの犯罪者気質の連中は、そもそも善悪の観念に乏しくて思考のプロセスが欠如しているので、行動するのにも逡巡したりすることがない。チェーンを一瞬でつかみ取る手さばきの鮮やかさは、まさに本能だけで生きている動物だ。

なんとか女を振り切った後、グランド・ブールバードを南に向かって歩き、リンデル・ブールバードから西に向かう。セントルイスの中心部だけあって、アメリカの豊かさを誇示するかのように壮大な建物が並ぶ見事な大通りだ。

フォレストパークに着き、緑に包まれた大庭園の中の曲がりくねった道を歩きつづけて、動物園に到着。自然の生育環境に近い状態で飼育されている動物たちがリラックスしている雰囲気が伝わってきたりして、興味深く見物して回る。ゆっくりしたかったのだが、時間もないので足早に見学して、また八キロの道のりを歩いてモーテルに戻る。

グランド・ブールバードを北に向かって歩いた辺りで、今朝と同じ目に遭ったら困るので、財布の紙幣を靴下の中に隠し、脅された場合に相手に渡すための少額の紙幣だけをポケットに入れる。途中で中華屋に立ち寄り、料理をテイクアウトしてなんとか無事にモーテルに戻る。

この旅は、とりあえずセントルイス辺りまで走って、その段階で体力的な余力が残っていれば、最終目的地をニューヨークに変更することにしていた。なんとか体力は持ちそうなので、このままニューヨークに向かうことに決める。

これまでは、基本的にはルート66を走っていれば良かったのだが、ルート66を離れてニューヨークに向かうとなると問題はルートをどうするかだ。そこで参考にしたのが、アメリカのサイクリング団体、アドヴェンチャー・サイクリング・アソシエイション（Adventure Cycling Association）の推奨するシカゴ・ニューヨーク間のルートだ。イリノイ州シカゴから、インディアナ州、オハイオ州、ウェストヴァージニア州、ペンシルベニア州を通ってニューヨークに向かうルートだ。セントルイスの先のハメイルまでルート66を走り、インディアナポリスからはACAのルートを使ってニューヨークまで走ることにする。

セントルイスにはわずか二日間滞在しただけで怖い思いを経験したので、明日はなるべく早くセントルイスから抜け出したいという思いでいっぱいだ。モーテルを出発するとしばらく治安の悪い地域を走ることになるので、アクシデントが起きないことを祈るだけだ。

6月19日（水）

午前五時に起床。今日はほぼ雨の予報が出ているし、ミシシッピ川の対岸に渡ってセントルイスよりもさらに治安の悪い地域を走るので、出発する前から身がすくむような気分になる。金を要求された時にすぐに金を取り出せるように、短パンやザックのポケットにあらかじめ少額の紙幣を用意しておき、財布をザックの奥に隠したりして準備する。

昨夕の中華の残り物で朝食を終えて、出発。まだ夜の闇が残っている通りを対岸に渡るためにマッキンリー大橋を目指して走り始めるが、間もなく道がわからなくなる。早朝のこともあって、道を尋ねようにも人が歩いていないので、途方に暮れてしまう。走り回ってやっと黒人の男性を見つけて、道を尋ねる。

「マッキンリー大橋は三年前に閉鎖したから、もっと南のイーズ橋まで行って、それで渡った方がいいよ」と言われる。マッキンリー大橋を渡るつもりで準備していたルートのメモが役に立たなくなり、治安の悪い地域をあらためて道を探しながら走ることになってしまいショック。

なんとか、イーズ橋にたどり着き、ミシシッピ川を渡る。川を渡るともうイリノイ州だ。今度は川岸の道路が見当たらない。荒涼とした光景が広がるだけでまともに人家がない。走り回っているうちに、広い敷地のある施設に行き当たる。周りが行き止りになっているので、ひょっとしたら通り抜ける道があるかもしれないと思って、中に入って事務所のドアをたたくと人が出てくる。

「日本からやって来て自転車で旅をしてるんだけど」と自己紹介しながら道を尋ねる。

「ここは穀物の会社なんだけど、ここからも大豆やコーンなどを日本にも輸出してるよ。あれがサイロだよ」と指さす。

「トランプのおかげで、大豆が値上がりしたりして、会社も儲かってそうだね」と言うと笑いながらうなずいてみせる。

ウェストンという青年は、日本も大の得意先になっているためか、親切だ。自転車旅行をしていることに興味を持ったらしく旅のことをいろいろ質問してくる。日本旅行に関心があるらしいので、いろいろアドバイスしてやったりした後、「ここからは三号線で行けばいいよ」と道を教えてもらって、お別れする。

なんとか三号線を見つけて、また進み始める。朝から道に迷いつづけて疲れ切ってしまう。しかし、天気もなんとか落ち着いていて、辺りもそれほど治安は悪くはなさそうなので少し安心する。それに、道路も平坦なので走るのも楽になってきた。

3号線で北へ向かって進み、マディソン郡に入る。あの「マディソン郡の橋」の舞台になった所だ。111号線を北に向かって走る。辺りが緑に囲まれた田園地帯となってくるうちに道がわからなくなる。道を尋ねようにも人がいないので、不安になりながら走っているとやっと庭で芝刈り機を準備していた男性を見つける。

「エドワーズビルまで行きたいのだけど」と道を尋ねる。

「なにか飲みたい?」

「距離はあとどのくらいですか?」

「なにか飲む?」

先日の女性と同じで道を尋ねてもそれには答えないで、飲み物をすすめてくるばかり。汗まみれになっていた姿を見て飲み物をすすめてくれたらしい。

どうしてもなにか飲ませてやりたいらしい。言葉に甘えさせてもらって、大きなガラスに囲まれたサンルームに入る。

差し出された冷え切ったミネラルウォータを口にすると暑くなったこともあって、その美味しいこと。

いままでの旅の話をした後に「ところで仕事はなにをやってるんですか?」と尋ねる。

「建設関係の仕事をしてたけど、それを退職した後はしばらくバスの運転手をして、いまは庭いじりをしたり、競馬を見物したりして過ごしてるよ。競馬といってもギャンブルじゃなくて、ただ馬が走るのを見てるのが好きなんだけどね」とサムという男性が答える。おだやかで優しそうな男性だ。

部屋に飾られている子供たちの写真を眺めると、いかにも平穏で満ち足りた生活を送っている人らしい。

今日は治安の悪い所を通るので、緊張しっぱなしだったのだが、男性から親切にもてなされているうちに、張り詰めていた緊張感が少しずつ解けてきて、気が軽くなってくる。

「マッキンリー大橋を渡ったの？」

「三年前閉鎖したということだったから、イーズ橋を渡ったんですよ」

「そうかな。最近渡ったけどね」マッキンリー大橋が閉鎖されているという話はどうやら間違いだったらしい。その橋を渡っていたら道を探すのにこれほど苦労することもなかったのにと後悔するが、もう遅い。

ルートの相談をすると男性がパソコンで調べてくれる。

「エドワーズビルはここからすぐだから、そこからは157号線で行けばいいよ。ところで、なにか食べていかない」と食事にも誘われるが丁寧に辞退して、冷えたミネラルウォータを二本もらって、出発。

大きな大学のそばを通り過ぎて、エドワーズビルに到着。人口が二万数千人ほどの町。道路を覆い隠すような巨木の街路樹のある静かな住宅街を通って、町の中心を通っている157号線に向かう。セントルイスからそれほど離れていないのに、セントルイスのすさみきった雰囲気とはちがって、なんとも落ち着いた感じのする町だ。

ここは、かつてある雑誌で、アメリカでももっとも住みやすい町のひとつとして取り上げられたことがあるらしいが、のどかで平穏な雰囲気がいかにもそう思わせる。

午後一時過ぎにハメイルに着く。人口千人にも満たない小さな村だ。ルート66の標識が道路のあちこちに立てられている。地味で目立たない町の地域起こしのためらしい。インターステートと140号線が交差する辺りのホテルに到着。ホテルの向かい側にガソリンスタンドとコンビニ、サブウェイがあるだけで周りには農地が広がるだけの閑散とした所だ。

いよいよ明日からは、いままでずっと走ってきたルート66を離れて、ニューヨークを目指してラストベルト、錆びついた工業地帯の辺りを走っていくのだ。アメリカでももっとも経済的な地盤沈下の激しい地域は少し北の五大湖周辺になるらしいのだが、その雰囲気は体験できるかもしれない。

今日の走行距離は七六km、累計は三、五九三kmとなる。

6月20日（木）

朝五時、まだ暗い部屋の中で日本へメールを送った後、タイヤに空気を入れることにする。携帯ポンプのハンドルを押すようにして前輪のタイヤに空気を入れ始める。ところが、ハンドルを動かし始めたとたんにハンドルが本体から抜け、一瞬でタイヤの空気が抜けてしまう。空気が抜けたタイヤでは走れないので、壊れたポンプを手にしたまま、呆然としてしまう。

日本では、自転車のポンプなどは周りを探せばどこにでもあるようなものだ。しかし、自転車があまり利用されてないアメリカでは自転車のポンプはそう簡単に手に入るはずもない。焦りながら、しばらく考えるとそばにガソリンスタンドがあるのを思い出す。ガソリンスタンドの据え置き型の空気入れを使うことにして、さっそくガソリンスタンドに向かう。

しかし、イギリスを自転車旅行中、ガソリンスタンドの空気入れ装置を使って、タイヤのバルブを壊したことを思い出し、不安になってくる。とにかく機械音痴なので、このような事態になるともうお手上げだ。

コンビニにいた若い女性店員に相談すると中年の女性スタッフが手伝ってくれて、なんとか無事に空気が入ったので胸をなでおろす。

ハメイルからは、ルート66を離れて東に向かって走るので、旅もいよいよ次の段階に入ってきた。気分を一新して出発。

雲が厚くて心配だったのだが、そのうち青空が見え始める。州道140号線の周りには農地が広がり、平坦なこともあって、三〇キロほどは順調に進みつづける。やがて起伏が激しくなってくるが、道がわかりやすくて、気分的に楽な走りになる。

目的地ヴァンダリアまで一〇マイルほどになった辺りで、ダイナーを見つけて店に入る。カウンターの前に坐ってオムレツを頼むとそばにいた若いカップルから声をかけられ、しばらく旅の話で盛り上がる。今日はポンプを持たないで走って不安でしかたがなかったので、ついでにバイクショップの場所を尋ねる。

「ヴァンダリアには、ウォルマートがあるから、そこで買えばいいよ」それを聞いてホッとする。

午前一一時頃にはヴァンダリアに到着。人口が六千人ほどの町だが、かつてはイリノイ州の州都だった所だ。ホテルに向かう前にまずはウォルマートに立ち寄って、携帯用のポンプを購入。ホテルに着くとさっそく購入したポンプで空気を入れてみる。ところが使い方がまずいのか、空気がうまく入

ルート 66 もいよいよここでお別れ

らない。ここでも機械音痴ぶりをさらけ出して、なんとも情けなくなる。いくら頭をひねってもいっこうに使い方の要領がわからないので、せっかく購入した携帯ポンプだが使うのは断念。あわてて、またウォルマートに行って、別のポンプを買う。少し大型の足踏み式のポンプで、かさばるし重いのが気になるが、我慢するしかない。

ホテルの部屋であらたに購入したポンプを使って空気入れに再びチャレンジして、なんとか使えるのを確認して胸をなでおろす。

今日の走行距離は八〇km、累計は三、六七三kmとなった。

6月21日（金）

ヨーグルトを食べた後、午前五時半出発。雨の予報が出ていて、雲が空を覆っている。国道40号線だけを走るので、道に迷う心配がないこともあって、気楽な気分だ。

国道40号線は、カンバーランド道路といわれている歴史のある道路だ。一八〇〇年代、メリーランド州のカンバーランドから建設が開始され、ウェストバージニア州のホイーリングを通って、ヴァンダリアが西の終点となった道路だ。かつては有料道路だったものだが、ルート66よりも古い時代に造られた歴史のある幹線道路らしく、コンクリート製の道路のサイズも最近のものとちがって、かなり狭くて、路肩も狭い。しかし、車も少なくて、周りには畑や林が広がっているので、開放感に包まれながら走る。

イリノイは穀倉地帯だけあって道路脇に巨大なサイロが並び、トラクターやコンバインなどの農業機械を展示している販売店をよく見かける。やがて風が強くなり、二〇キロを走った時点でダウン。

それでもなんとか進んで、昼前にエフィングハムに到着。午後、雲が厚くなり、まるで宵闇が迫ってきたかのように薄暗くなってくるうちに大粒の雨が落ち始め、グリーナップの手前で本格的な雨になる。雨宿りする場所を探しながら進み、資材置き場を見つけて、飛び込むと、やがて土砂降りとなる。雷が鳴り始め、空には閃光が走る。一時間ほど雨宿りして、小雨になった頃に出発。グリーナップに着く。インターステートと国道が通っている人口が千数百人ほどの小さな、ひなびた町だ。

モーテルのオーナーは、小さな酒屋兼コンビニも経営しているインド人の中年夫婦。この夫婦、なんとも品が良くて、親切な人たちだ。やはり、感じのいいオーナーのいるモーテルに泊まるのは気分がいい。

今日の走行距離は九四㎞、累計は三、七六七㎞となった。

6月22日（土）

午前三時、雷鳴とともに激しい雨となり、朝まで降りつづく。今日は雨の予報になっている上に経営者夫婦もいい人たちなので、もう一日滞在を延期するか、迷いつづける。

午前八時、外に出て空を見上げると、明るさが増してきて、なんとか走れそうな気配となってくる。天気が回復してきたので、少し心残りだが出発することに決める。走り始めると二日にわたって大雨がつづいたこともあって、周りの畑は、水びたしの状態。空模様が心配だが、なんとか持ちこたえてくれるのを期待するしかない。

午前中は二〇キロ走った時点で疲労困憊となってしまう。やはり体調は芳しくないようだ。周りには畑が広がり、農家の広々とした芝生の緑が目に心地いい。国道40号線は、路肩が狭いのが欠点だが、車が少ないので走るのも気が楽だ。しかし、道を尋ねようにも、人がいないし、店もない。そのうち雲が広がってきて雨にならないか冷や冷やしながら走っているうちにイリノイ州からインディアナ州に入る。

午後四時過ぎに、ホテルのあるテレ・ホートに到着。ウォバッシュ川のほとりにある人口六万人ほどのわりと大きな町だ。今日はグリーナップでもう一泊する予定だったが、なんとか走れたので一日得したような気分になる。近くのデニーズでTボーンステーキの食事。レストランでの食事は時間がかかってしまうので、いつもは敬遠していたのだが、ファストフードに飽きがきていることもあって、生き返ったような気分になる。旅もなんとか予定通りに進んでいるので、これからはできるだけレストランで食事をすることにする。

今日の走行距離は七二km、累計は三、八三九kmとなった。

6月23日（日）

雨の予報だが、覚悟を決めて出発することに決める。

ウォバッシュ・アベニューを進むとそのまま40号線となる。周りには農地が広がり、林の緑に覆われた道路は車が少ないので快適な走りになる。辺りはいかにも農業が盛んな所らしく、走っている車も小型トラックが多い。

今日は、時折晴れ間が見えたりして、快適な走りになった。

ブラジルという町の郷愁をかきたてるような古びた町並みを眺めながら通り過ぎ、マンハッタンという所で左折して北東方向に進路を変える。曲がりくねった起伏のある道を通って、グリーンカスルに昼過ぎに到着。大学がある、人口一万人ほどの落ち着いた雰囲気の町だ。ホテルを見つけて、チェックインする。辺りにはレストランもスーパーもないので、自転車でピザショップまで行って、ピザをテイクアウトする。テイクアウト用の五〇センチ四方の段ボールの容器を水平にして、落とさないように右手で支えながら進んでいると、黒ずんだ灰色の雲が急速に広がり始める。大あわてで、モーテルを目指して走っていると雨粒が落ち始める。いくら走ってもモーテルに着かないので変だなと思っていると、モーテルのある北とは反対の南に向かっていたのに気づく。とりあえず、雨を避けるために近くの民家の軒下に駆け込むとそれと同時に土砂降りになる。そのうち強風が吹き荒れ始め、やがて嵐になってしまう。容赦なく吹きつける雨と風から紙容器を守るために水平に持ったままの、ちょっと間抜けな格好をして、雨宿り。しばらく小降りになるのを待って、やっとモーテルに戻る。しかし、ここまで方向音痴なのに、よくこれで旅ができているものだとわれながら呆れてしまう。

今日の走行距離は五八km、累計は三、八九七km。

6月24日（月）
予報では、雨になるかもしれないので、ホテルの予約をしないで出発。ベテランズ・メモリアル・ハイウェイ、240号線を走る。

アメリカでは、時々、ベテランという名称のついた通りや橋などに出会うことがある。ベテランとは退役軍人のことだ。軍人の功績を顕彰するために名付けられたものだが、アメリカはそれだけ軍人の地位の高い国ということだ。そして、東に向かうにつれて、町に入る辺りの道路沿いにはその町出身の戦没者の写真のポスターを見かけることが多くなった。戦争で命を懸けて戦った軍人たちへの感謝の気持ちを込めたものだ。それに星条旗を掲げた家もよく見かける。歴史が浅くて、人種民族も様々で、一皮むけば国が瓦解してしまう危うさをかかえている国ということもあって、国への忠誠心をはぐくみ、アメリカ人としてのアイデンティティーを持たせるような雰囲気作りが国中で行われているという印象を受ける。

国道40号線に入る。昨日より、少し路肩が広くなり、車は相変わらず少ないので、走りやすい。スタイルスビルを通ってプレインフィールドに向かう辺りから小雨が降り出す。インディアナポリスに近づくにつれ、通り沿いには店が多くなってくる。

インディアナポリスに向かって走りつづけ、やがて市の中心部にたどり着く。州都だけあって、大きな町だ。繁華街を通り過ぎているうちに雨が激しくなり、ハンバーガーのチェーン店の**Steak in Shake**を見つけて飛び込み、ハンバーガーを食べながら雨宿り。アメリカの食事は、そもそも食べる前から期待してないことが多い。とくにハンバーガーとなったら、食傷していることもあって見るだけでもげんなりするのだが、ここのやつはジューシーなので例外的に気に入っているチェーン店だ。食事が終わって、出発。雨上がりのインディアナポリスの繁華街を通り抜け、ワシントン・ストリートを東に進む。

インディアナポリスの町外れの住宅地の辺りで、メモしていた安ホテルを探し回るが、見つからない。酒屋が目に入ったので、場所を尋ねるために店に入ってみるとレジが鉄格子に囲まれていて、客は皆黒人。客にじろりとにらまれたので、早々と退散。黒人の居住地区に入り込んでしまったらしい。

バイクショップの前を通りかかったので、ここでホテルを教えてもらうことにして店に入ると待ってましたとばかりに二人のスタッフが応対してくれる。

こちらがなにも言わないのに自転車を運んだり、タイヤの空気を入れたり、なんとも手回しがいい。自転車旅行をしている人間が飛び込んできたので、仲間が迷い込んできたような気持ちになっているらしい。やたらに気を配ってくれるのが、なんとも嬉しい。しばらく旅のことを話した後、ホテルの場所を教えてもらって出発。ワシントン・ストリートを進んで、目指すホテルに到着。新しくて、結構立派なホテルだ。

インディアナ州は黒人やヒスパニック系が目立つが、このホテルのスタッフも黒人が多い。そばのレストランでミートローフの昼食。

今日の走行距離は七九km、累計は三、九七六kmとなった。いよいよ、四千kmの大台に近づいた。

サイクルショップで一休みした後、いざ出発

6月25日（火）

ホテルの朝食を食べ、午前六時半に出発。

いつもはのんびりしている40号線も町の中では車が多くなるので冷や冷やで走るが、いったん郊外に出るとまた車が少なくなる。

ずっと天候が芳しくなかったのだが、今朝は晴れ間が広がっている。自転車で走る時は、大空の下、いつも外気にさらされているので、天候の具合がもろに心に伝わってくる。青空が広がり、明るい日差しの中を走っている時は開放感に満たされるし、雨が降ったり、どんよりした曇り空では陰鬱な気分になってしまう。今日は晴れ渡って光が溢れているので、空も大気も風もすべてが一心同体といってもいいような爽快な気分で走る。

グリーンフィールドやナイツタウンといった少しひなびた感じのする町を通り過ぎる。古い建物が残っていて、過ぎ去った時を蘇らせて懐かしい気分にさせてくれる町だ。

しかし、時々通り過ぎる小さな村みたいな所は一様に活気がない。空き家が多くなり、ゴーストタウン寸前といった様子だ。アンティークの店がやたらに目立つ。家財道具を処分して出ていく住民が多いので、仕入れには困らないし、そもそも衰退しきった所で成り立つような商売はこれぐらいしかないからだろう。

リッチモンドに到着。人口が三万数千人ほどの町だ。ホテルに向かっていると前方から自転車の旅をしている青年がやって来たので、まずはルートなどの立ち話。

「クリーブランドでバーテンダーをやってるんだけど、サンディエゴまで行くんだよ。これが初めての自転車の旅なんだよ」自転車はミヤタ製の高価そうなものだ。

「テントと寝袋を持参して野宿しながらの旅だね」とバッグの中身を開けて見せてくれる。プラスチック製の円盤フリスビーが入っているが、これで長旅ができるのかと心配になるほどの荷物の少なさ。フリスビーで遊びながら、気ままな旅をしているといった感じ。

ホテルに着いて、明日のルートを検討していると、途中のデイトンからジーニアの間のルートがあまりにも複雑すぎて道に迷ってしまいそうなので、ヴァンダリアからスプリングフィールドを通るルートに変更する。

リッチモンドはオハイオ州との境に位置しているので、明日はいよいよオハイオ州だ。

今日の走行距離は一〇〇キロ、累計は四、〇七六キロで、ついに四千キロの大台に乗った。

6月26日（水）

午前五時半出発。40号線を走る。周りには農地が広がり、集落はあっても寂れたところばかりで、店も少ないし、民家があっても空き家が目立つ。家々の庭先には、不用になった物が並べられヤードセールの表示がされているのを頻繁に見かける。イリノイ、インディアナ、オハイオと走ってきたが、ラストベルト、錆びついた工業地帯に属する州だけあって、やはり活気のない所が目立つ。

青空が広がり気温が上昇してきてあまりの暑さにへたばってしまう。

森に囲まれた辺りを走りつづけて、ホテルのあるスプリングフィールドに到着。人口が六万ほどの大きな町だ。

今日の走行距離は九八km、累計四、一七四kmとなった。

6月27日（木）

昨日テイクアウトした中華の残り物で朝食。午前五時半に出発。走り出してしばらくすると一方通行の道路に入っているのがわかって、あわてて道を探し回る。

普段はのんびりと走れる40号線も町の中に入ると車が多くなるので緊張する。郊外になると周りには、農地や農家、サイロの姿が多くなって、40号線で見慣れている田舎の光景が戻ってくる。

朝のうちは涼しくて快適だったのだが、日が昇るにつれて気温が上昇してくる。いつもガソリンスタンドに併設されているコンビニの前を通りかかるたびに小休止するのだが、今日は店が見つからない。ガソリンスタンドがないので、よほどの田舎らしい。気温が高くなり、坂道が多いので、疲労困憊となってしまう。

熱中症が心配なので、頻繁に木陰で休憩しながら、四〇数キロ走って、ウエスト・ジェファーソンの近くでやっと店を見つけて、アイス、ソフトドリンクで息を吹き返す。

コロンバスに到着。オハイオ州の州都で、人口が八〇万ほどの大きな町だ。

昼頃、ホテル到着。広い通りの両側には店が並び、近くにはショッピングモールもある、わりににぎやかな所だ。

午後になると雲が広がり始め、やがて雨になる。近くの中華屋でテイクアウトした料理で昼と夜を済ませる。

ルート66を離れてから東に向かって走り、なんとかコロンバスにたどり着くことができたが、地形的にわりとなだらかだったこともあって、順調に走れたようだ。ここからさらに東のホイーリングまで走れば、ピッツバーグまであとわずかだ。

ピッツバーグからは、いよいよ旅も最終の段階になっていく。山がちのペンシルベニア州を走ることになるので、かなり厳しいことになりそうだが、なんとか頑張るしかない。

今日の走行距離は六一km、累計は四、二三五km。

6月28日（金）

ホテルの朝食を食べて、六時半出発。ホテルはコロンバスの中心部から、かなり西側になるので、今日はこれからコロンバスの中心を通って東に向かうことになる。ホテルの前を通っている40号線は交通量が多いので、車の少なそうな道路を探して走り始めるが、すぐに道がわからなくなる。しかたなくホテルの前に戻って、最初からやり直す。

今度はうまくいったと思いながら走っているとまた道に迷う。どこを走っているのかわからなくなり、黒人男性に道を聞くと「あの通りを行けば」と目の前の道路を指さした後、「小銭をくれよ」と催促される。ポケットのコインを渡して、黒人の指さした方向に向かって走ると出発したホテルの前。ホテルの周りを九キロほど走って、また戻ってきたので、方向音痴もここまでひどいと情けなくなる。

もういい加減に腹が立ってきて、そのまま40号線を進む。東に向かって進んでいると、コロンバスの中心部の林立している高層ビルのシルエットが朝日を背景に浮かび上がってくる。

40号線は道路の傷みが激しく、通り沿いには小さな店が並んでいるが廃業したような所が多くて、いかにも貧しそうな地域となる。コロンバスに近づくにつれて、車が多くなり、巨大な建物が並ぶ。コロンバスの中心部を通り過ぎて、さらに進む。

62号線を走る。緑に包まれたフランクリン・パーク、ウルフ・パークの辺りはまるで森の中を走っているみたいだ。周りには富裕層の家が立ち並んでいて、それまでのみすぼらしい雰囲気が一変する。

このところ気温が上昇して30度を超えることが多くなってきた。熱中症が怖いので、木陰で休みを繰り返し、周りの農地が広がる田舎の光景を眺めながら走る。

ホテルに近づいてきたので、ホテルを探すが見つからない。辺りは農地が広がっているだけで、場所を尋ねようにも人がいない。脇道に入ってみるが、ホテルなどとてもありそうもない場所なので、方向転換しようとして砂利道で転倒。足首をひねってしまう。激しい痛みを我慢しながら、なんとかコンビニを見つけて、そこで場所を尋ねると先ほどの砂利道の通り沿いにあることがわかる。

また砂利道に戻って、インターステート沿いのモーテルにたどり着く。ヘブロンの郊外の辺りには農家しかないような寂しい所だ。転倒したのはこれで二回目だが、足首の痛みが長引かないか少し心配になってくる。

今日の走行距離は五九km、累計は四、二九四km。

6月29日（土）

午前五時半に出発。街灯もない真っ暗闇の中を進むが、周りには農地があるだけの寂しい所だ。40号線に出る。田舎の農道みたいに小さな道路で、起伏が激しく、ミズーリ州で経験した高低差のある地形を思い出す。雲が厚いせいか、薄暗くて、いっこうに明るさが増してこない。周りに林や森が広がる、静かな山道みたいな道路を二〇キロほど走ると起伏がさらに激しくなる。

ゼーンズビルに着く。ここは近くにサイクリングで人気のスポットがあるらしくサイクリストにはわりに知られている所だが、廃業した店だらけの寂れ切った感じの町だ。ここもやたらにアンティークの店ばかりが目立つ。

ダイナーを見つけて食事。アメリカで定番料理になっているミートローフを注文するが、挽肉もソースもいかにも出来合いのものなので、なんとも味気ない。

木陰で休んでいると車に乗った男性が冷えたミネラルウォータを渡してくれる。「サンタモニカからやって来たんですよ」と話すと目を丸くする。今日は立ち話をして相手を驚かしたのはこれで三人目だ。

午後三時、街路樹の緑の涼やかさが印象的な町ニューコンコードに着く。木陰のベンチに坐って一時間以上も休憩する。ゼーンズビルのわびしい印象とはちがって、落ち着いた感じの町だ。

午後四時、ケンブリッジの町はずれにあるモーテル到着。近くにはレストランがないので、テイクアウトしたサンドイッチで夕食。

サドルを持って自転車を持ち上げようとした時、サドルの一部がサドルを固定する金具から外れてしまう。サドルの具合が悪いらしいので、買い替えることにして、ネットでバイクショップの場所を探すと次のホイーリングにあることがわかったので、そこでサドルの交換をしてもらうことにする。

夜、雨が降り出し、やがて激しく屋根を打つような本降りになったので、明日の天気が心配になる。

今日の走行距離は八八km、累計は四、三八二km。

6月30日（日）

薄暗い中、モーテルを出発して、まずはケンブリッジの町に向かう。古い町並みの残る、少しひなびた感じの目抜き通りに着く。時の過ぎ去ったことを思い起こさせる雰囲気が辺りに漂っていて、なんともいえない心の安らぎを感じさせてくれる。道を探しながら進むうちに道を見失ってしまう。道を尋ねようにも朝早いこともあって、人影がないので途方に暮れるばかり。

走り回って、町の郊外でやっとオハイオ・アベニューを見つけて、東に向かう。グレート・ガーンジー・トレイルという名の自転車道を走り始めると辺りは森や林の緑に囲まれ、そばを流れる川のせせらぎと鳥の鳴き声に包まれている。ヨーロッパにはあちこちに見事な自転車道が整備されているが、久しぶりに同じような道を走れるので、なんとも爽快な気分だ。ロア・シティという人口三百人ほどの小さな村を通り過ぎて進むが、やがて道が行き止まりになる。

265号線からセールスビル、クエーカーシティなどいずれも山に囲まれた、住民が数百ほどのひなびた村を通り過ぎる。勾配の大きな坂道が次から次へと現れるので、荷物で重くなっている自転車では進むのがつらい。

グーグルマップのルートに従って進んでいると道が小さなラフロードになってきて、山の中に入ってしまい、辺りには、まったく人影がなくなってしまう。このまま山道を進んで山の奥にでも入り込んでしまったら、それこそとんでもないことになる。あわてて引き返して265号線に戻るがここも周りは森や林が広がり、人家がない。道路の起伏が大きい上に気温が上昇してきたので、疲労が激しくなり、ついに動けなくなる。

しばらく休んで重い体をはげますようにしながらまた少しずつ進み始める。

バーンズビルの辺りで、ミズーリ州での苦闘を思い出させるきつい勾配の道路がつづく。

休みを繰り返し少しずつ体力が回復するのを待ちながら、147号線から149号線を進み、モリスタウンへ向かう。

やっと見つけた民家で道を尋ねた時にもらった冷えたミネラルウォータには命を救われる思い。

モリスタウンの中心から、かなり離れた所にあるモーテルにやっとのことで到着。セントルイスからは平坦だったこともあって、これまで順調に進んできたが、今日は、山の中に迷い込んでしまったり、地形が厳しい辺りを走ったりで、ホテルにたどり着いて息を吹き返すという厳しい一日になってしまった。

これまで、ずっと東に向かって走ってきたが、明日の目的地ホイーリング辺りからは方向を変えて北東に向かうので、いよいよ旅も大きな節目にさしかかってきた感じだ。

今日の走行距離は七三㎞、累計四、四五五㎞。

第十二章　ラストベルトの寂れた街角で

7月1日（月）

ホテルの朝食を食べた後、朝六時に出発。今日の目的地はウェストバージニア州のホイーリングだ。ペンシルベニア州が近づいてきたので、旅も着実なペースで進んでいるようだ。今日はまずバイクショップに立ち寄って、サドルを買い替えることにする。

ホテルを出て少し北に進み、40号線を走る始める。辺りは山がちの地形になっていて、昨日と同じように起伏が大きい。疲れがとれていないらしく、一五キロ走った時点でもうクタクタ。なんとか我慢しながら農地に囲まれた道を進みつづけて、バイクショップのあるブリッジポート到着。オハイオ川沿いにある人口二千人ほどの小さな町だ。

バイクショップは7号線沿いにあるのだが、グーグルマップでは山の中を通るルートになっている。わざわざ遠回りになる複雑なルートになっているのは、7号線が交通量が多くて危険な道路だからのようだ。そこで安全を考えてそのルートで走ることにする。

進み始めると次第に傾斜が厳しくなり、山の中の曲がりくねった小道になってくる。渓流が流れ、緑に覆われた山の斜面に民家がはりつくように建っている光景はまるで日本の山村だ。山道の起伏が大きすぎて、進むのがつらい。安全な道路と思い込んでいたのだが、道が狭い上にやたらに車が多い。勾配がきついので自転車を押しながら歩く。一時間ほどかけて汗みどろになりながら進むが、どう考えても山の奥に向かっているようだ。

道を尋ねると「道を間違えているから7号線で行った方がいいよ」と言われてガックリ。汗水たらしながら息も絶え絶えの状態で山の奥までやって来たのにもとに戻れと言われて情けなくなる。しかたなく坂道を下って、最初の出発点に戻って、あらためて7号線を進むと、あっと言う間にバイクショップに到着。やはりグーグルマップのルートを過信するのは禁物だ。

バイクショップでサドルを交換してもらう間、店にいたなじみ客や女店主たちと雑談になる。

「沖縄の海兵隊にいた祖父の話だと世界中で女性がいちばんきれいな国は日本だと言ってたよ」と女主人。この祖父はかなり日本好きの人らしい。

「日本は観光旅行するのはいい所だよ。食の水準が高くて、しかも安いからね」と日本の宣伝をしてみる。毎日、アメリカの食事の不味さに悲鳴をあげていることもあって、どうしても日本の食のレベルの高さを自慢したくなってしまうのだ。

「そうだよな。なにせこっちはハンバーガーばっかりだもんな」と客もうなずく。

「そう。毎日ハンバーガーばかりでもう嫌になってね」と顔をしかめながら話すと皆笑い出す。こちらの人たちもアメリカの食のバリエーションの乏しさはさすがにわかっているらしいが、それでもそれを平然と受け入れているのがまたアメリカ人らしい。サドルを交換してもらって、ホイーリングに向かう。

オハイオ川にかかっている橋を渡るとホイーリング島という中洲に到着する。ここはもうウェストバージニア州だ。その先にあるホイーリング吊り橋の前に着く。一八四九年に架けられた当時は世界一長い吊り橋だったものだ。ところが、老朽化が進んでいるらしく橋は封鎖されている。よく見てみると車道は遮断されているが、歩行者用の通路だけはなんとか通れそうだ。そこで自転車を押しながら歩道を渡り始めると驚いたことに車道の路面がグレーチングみたいになっている。車道の全面が側溝の蓋みたいに穴が開いた形状になっていて、川の水面が丸見えなのだ。一瞬たじろいでしまうが、幸いに歩道の部分だけは下は見えない造りになっているので、車道に目をそむけるようにしながら、なんとか橋を渡る。

渡り終わるとすぐにホイーリングの中心となる。かつてはオハイオ川の水運で繁栄した町だが、いまは活気を失って、人通りの少ない古ぼけた町並みが広がっているだけだ。

ひなびた雰囲気を味わいながらホテルを探し回るが、見つからない。ホテルの場所を尋ねてみると町の中心にあると思い込んでいたホテルは、町から一〇キロほど離れていることがわかる。とんでもなく辺鄙な場所のホテルを予約していたのがわかって、ガックリ。道を尋ねながらホテルに向かうしかない。

自転車道を探し回って、走り出す。丘のふもとを走る道路の下には清流が流れて、辺りは森と林が広がる。走っているると木陰にいた鹿たちが逃げ出す姿。店を見つけては道を尋ねながら進むが、道を間違えてはもとに戻ったり、進んだりを繰り返しながら、木立に囲まれた自転車道を進みつづける。

やがて小さな町が現れて、やっとホテルに到着。迷走を繰り返してきたので、着いた時にはもう疲労困憊。

今日はバイクショップに行く道を間違えたり、とんでもない町外れのホテルを予約してしまったりで無駄に走ることになったので、なんだか大損した気分。のんびり骨休めするつもりが、悲惨な結果になってしまった。

今日の走行距離五八km、累計四、五一三km。

7月2日（火）

ホテルの朝食を済ませ、午前六時出発。今日は、ホイーリングの町を通って、そこからオハイオ川の上流に位置するスチューベンビルに向けて走る。セントルイス辺りからずっと東に向けて走ってきたが、いよいよここから北に向けて方向転換だ。走り出して間もなく、道が途切れてしまう。昨日の経験でこりていたこともあって、何度も地図を見て頭に入れていたはずなのに、またやってしまった。

道を探して回りながら進む。辺りは、森が広がっているのでアライグマや鹿、ウサギを見かける。町の中心を通って、オハイオ川の隣を走る自転車道を北に向かって進む。

途中で庭にいた男性に道を尋ねる。「スチューベンビルはオハイオ川の対岸の町だから、この先のマーケット橋を渡るんだね。でも、ここから橋までの道路はやたら狭くて、白線の横のスペースがないから、とにかく自転車で走るのは危険なんてもんじゃないよ。マーケット橋にしても路面にチーズ削り器みたいな穴が開いていて、車道の下は水面が丸見えだからね。歩道を渡るんだったら下の水面は見えないけど、それでも対岸に渡るとすぐ急な階段になっていて、自転車を運びながら階段を上り下りすることになるからね。これがまたとんでもなく危険だよ。自分も自転車に乗るのは大好きだけど、恐ろしくてスチューベンビルなんかには行く気にもなれないよ。いったい、どうしたらあんな危ない所へ自転車で行く気になれるのかね」と少し笑みを浮かべながら高みの見物といった表情で言われたので怖気づいてしまう。

走り始めると、なるほど狭い道路で路肩のスペースがない上に交通量が多い。冷や冷やしながら走ってなんとかマーケット橋に着く。

車道を眺めると路面は格子状になっていて水面が丸見えの状態なので、なかなか前に進めない。体を硬くしながらなんとか恐怖の橋を渡り終えて対岸のスチューベンビルに着く。今度は急な階段が待ち構えている。段数はあまりないのだが、とにかく急角度で、垂直に近い。なんでこんな危険な構造のものを造ったのか理解不能の代物だ。そこで、身を引き締めてまずは先にバッグだけ階段の下に下ろし、その後は自転車を両手でしっかりかかえて用心しながら階段を一段ずつゆっくりと下りて、なんとかクリア。緊張したが、今日は下りるだけなので少し楽だったが、階段を上ることになる明日が問題だ。

スチューベンビルは、かつて製鉄業で栄えていたこともあって、その中心には往時の隆盛を偲ばせる立派な建物が並んでいるのだが、製鉄業の衰退とともに、いまでは空き家が目立つ、無残な感じがする町だ。アメリカの五大湖周辺の中西部は、かつてはアメリカ経済を支えていた地域だったのだが、競争に敗れ去って、いまではラストベルト、錆びついた工業地帯といわれているが、スチューベンビルもその町のひとつだ。

廃墟の並ぶ街並みを通り過ぎてモーテルに向かう。これが小高い丘の上になる。汗水たらして自転車を押して進む。この三日ほどは予約したホテルは、とんでもない所ばかりで失敗つづきだ。自転車の旅では、ホテルの場所をよく調べて予約しないと後で後悔することになると反省する。

今日の走行距離五六km、累計は四、五六九km。

7月3日（水）

夜中に目が覚める。橋の前の階段が気になって寝付けなくなってしまい、そのまま朝を迎える。

ホテルの食事を済ませた後、覚悟を決めて午前五時半に出発。

今日は橋を渡って、まずウェストバージニア州に入り、ペンシルバニア州のピッツバーグに向かう。旅もいよいよ終盤にさしかかってきたので少し気が軽くなってきたような感じがする。

まだ暗い中を町の中心に向かう。闇に包まれているマーケット橋の階段の前に着く。まずはバッグを先に階段の上に運び、横向きになって両手で自転車をしっかり掴んで、階段から転げ落ちないように上半身の重心を心持ち右側に寄せるようにして、ゆっくりと一段ずつ階段を上がる。なんとか最上部に移動できたのでそこで一息つく。その後は、バッグを自転車に積み、自転車を押しながら歩いて橋を渡る。朝一番の大仕事が無事に終わったので、胸をなでおろす。

次は、2号線を少し南に行って、東に向かう脇道、マハン・レーンを探さなければならない。ところが、いくら探し回っても見つからない。しかたなく、適当な道があったので走り始めるが、急な坂が次々と現れるだけで、どう考えても道を間違えているようだ。そこで、いったん出発した地点まで引き返すことにする。ところが今度は行きすぎて、一方通行の道路に入ってしまう。道路の中央に一メートル以上の隔壁があるので、反対車線に移動することもできない。

一方通行の道路を逆走しながらもとに戻り、また先ほどの脇道を進んでいると民家のそばに女性がいたので道を尋ねる。

「ピッツバーグに行く道を探してるんだけど」

「この道の先は高い丘になってるから、坂道だらけでとんでもないことになるよ。この辺りだとマハン・レーンで進むしかないよ」やっと道がわかる。

言われたとおり、南に行ってその道路を見つけたので胸をなでおろす。ホテルを出てからすでに坂道を二〇キロ近く走り回っていたので、汗びっしょりだ。

曲がりくねった山道をヘトヘトになりながらも進んでいると村に出る。どこにいるのか見当もつかないので、途方に暮れていると車が止まり、中年の女性が声をかけてくる。

「大丈夫なの？」

「コリアーズの村に行きたいんだけど？」

「コリアーズはここよ」と聞いて胸をなでおろす。

「ピッツバーグに行きたいんだけど？」

「じゃあ、近くにパンハンドルという自転車道があるから、そこまで案内してあげるわね」と車で先導してくれる。自転車道の入り口に着く。ウォルマートに勤めている女性で、自転車旅行に興味があるらしく、いろいろ旅のことを尋ねられる。

「ところで、昨夜、嵐にはあわなかったの？　この辺りはすごい嵐だったのよ」走っている最中に嵐にでも遭遇したらとんでもないことになってしまうので、運が良かったらしい。

女性と別れて、走り出すと林の中の小道には枝や葉が散乱している。小枝を避けながらジグザグに走りつづける。

しかし、この自転車道はこんもりと緑に包まれた小道になっていて、時折サイクリングやウォーキングする人たちを見かけるだけで、車の心配がないので、なんとも快適だ。

途中で草刈り機に乗って芝を刈っていた男性がいたので話しかける。

「ボランティアで、遊歩道の芝刈りをやってるんだよ」

ジョニーというこの中年男性に日本から自転車旅行にやってきたことを話す。

「自分はこうやってボランティアで地味な作業をこつこつとやってきたんだけど、外国からわざわざやって来て、走ってくれてるのを知って嬉しいよ。自分のやってきたことが報われる感じがするんだ。これからのやる気にもつながるしね」と大感激される。

周りを林に囲まれているので走るのがなんとも快適で、順調に進みつづける。そのうち上半身裸で自転車で走っている中年の男性が近づいてくる。自転車旅行に興味があるらしくて、横を走りながら次々と質問してくる。あまりに熱心なのでよく聞いてみると、この男性はピッツバーグに住んでいて、オランダ製の身障者用の自転車の輸入販売をやっている人で、十二歳の息子と一緒にサイクリングに来ているとのこと。

休んでいる時、息子の自転車を見せながら「200ドルの安価な自転車を買って、電動に改造したんだよ」さすがに自転車のプロだ。

この人、パンハンドル・トレイルのことを教えてくれたり、今日予約しているホテルの場所もスマホで調べてくれたりして、なかなか親切だ。でも「このホテルは丘の上になるよ。そこまで行くのが大変そうだよ」と言われて、今日もまたホテル選びで大失敗したようでうんざり。

三〇キロ近くも林に囲まれた小道を走り、マクドナルドという辺りで、いよいよパンハンドル・トレイルともお別れだ。

その後は、順調に進んで午後二時にカーネギーに到着。

カーネギーの町は大きな道路が交差していて車が多いが、少し殺風景な感じのする所だ。丘の上にあるホテル目指して、自転車を押して上っていく途中で道路脇の庭の芝生に坐って一休み。息を整えているとその家から老年の女性が出てきて「うちになにか用なの?」と胡散臭そうな表情をしながら話しかけてくる。

「いや、疲れて休ませてもらってますが」と答えるが、他人の庭に勝手に入ってくるなといった表情だ。

以前、訪米した時に驚いたことのひとつに「許可なく敷地に侵入した者は銃撃する」という標識がほとんどの家の庭先に立てられていたことだった。当時のアメリカ社会の殺伐とした雰囲気が象徴されているような気がして非常に印象的だった。

今回の旅では、庭先などには無断侵入禁止の表示はよく見かけるのだが「銃撃」の表示は一度も見かけない。さすがに表現が不穏当ということで避けられるようになったのかもしれない。

アメリカでは、大邸宅は別として、塀や生け垣で仕切られていることが少なくて、道路脇の境界はなにもない所が多い。しかし、そのような所でも芝生に入るのは、アメリカでは非常識とされているようだ。

そこで、早々と退散して、急な坂道を上って、やっと今日のホテルに到着。高齢者が保養所代わりにしているような長期滞在型のホテルだ。

チェックインの時に「この辺りにレストランとかスーパーはあるの？」とホテルのフロントの女性に尋ねると「スマホで調べてよ」とにべもない答え。これがアメリカだ。

部屋に荷物を置いた後、外を散策しながらレストランやスーパーを探すが、見つからないので、コンビニの食べ物で我慢することにする。

今日の走行距離七三km、累計は四、六四一kmとなった。

7月4日（木）
今日はピッツバーグを通って、北のバトラーに向かう。ピッツバーグは、北東と南東から流れてくる二つの大きな川が合流する辺りに位置している都市だ。そんなわけで、まずはオハイオ川にかかっているウエストエンド橋に向かう。
橋の辺りの複雑な道路が気になっていたので、出発前に何度もネットで確認して午前五時半に出発して、真っ暗闇の中を走り始める。

ピッツバーグは、デトロイトと並んでラストベルト、錆びついた工業地帯を代表する都市のひとつだ。これらの地域は、いまでは多くの産業が競争力を失って衰退していて、アメリカの影の象徴的な部分ともなっている。ピッツバーグは大都会という先入観があったのだが、郊外の辺りはうら寂しい雰囲気の所が多く、まるで山道を走っている感じがする。

道を教えてもらいながら、一〇数キロ走って橋のそばにたどり着く。橋の辺りの複雑な道路を信号を見ながら通り抜けて、なんとか橋を渡る。

今日の目的地バトラーには、安全を考えて少し遠回りになる川沿いの道を進むつもりでいたのだが、途中で道がわからなくなる。しかたなく、内陸部を進むことにして、エトナに向かう。走り始めると道路には高速で飛ばす車で溢れている上に路肩の白線がないので、冷や汗をかきながら進む。

エトナの小さな町に着き、バス乗り場に人がいたので8号線の場所を尋ねる。

「8号線はハイウェイだから、そもそも自転車では走れないよ。自転車では危険すぎるからやめた方がいいよ」ベンチに坐っていた人たちは皆、とんでもないという表情になる。

8号線は、USハイウェイ、つまり国道のことで、法的には自転車でも走るのは問題はないはずだが、地元の人たちから危険な道路と言われてしまうと怖気づく。そこで8号線はあきらめて、川沿いのルートを進むことにする。

コンビニの前にパトカーが停まっているのを見つけ、道を尋ねる。

「バトラーまで行くにはどの道を走ればいいですか？　8号線はやっぱりやめといた方がいいんでしょうね」

「そうだね。8号線をトライしてみるのもいいかもね」という予想外の答えが戻ってくる。いったんはあきらめていたのだが、警官のお墨付きをもらったようなものなので、またもや心変わりして8号線で進むことに決める。

8号線を進み始めるが、道路端には白線も引かれていない、片側二車線の狭い道路だ。後ろから来る車に冷や冷やしながら走る。次から次へと現れる丘を真正面からまともに乗り越えていくような形で道路が通っているので、とにかく起伏が大きい。気温も上昇してきて、もうぐったり。熱中症が怖くなって、少し走っては木陰で休みを繰り返す。

それでもなんとか進みつづけて、バトラーに近づいてきた辺りで、道の反対側で芝刈り機で芝を刈っていた男性が「おーい、飲み物いらないか?」と声をかけてくる。

さっそく男性のそばに行くと男性は、大きな保冷バッグに冷やしてあったソフトドリンクやミネラルウォータを渡してくれる。

日本製の除草機に乗っていた男性が「こいつの大きさがちがうのを三台持っていてね、それで春から夏にかけては週に一回ボランティアで除草してるんだ」

勤勉な人らしく、筋肉質の引き締まった体の持ち主だ。

「アメリカでは、肥った人が多いのにびっくりしたけど」

「そうなんだよ。アメリカ人は食べてばかりで、運動なんかしないような連中ばかりだからね」もうどうしようもない連中だよといった表情で語る。

男性と別れて、バトラーの町の手前でモーテルを見つけて、チェックイン。

今日の走行距離六二km、累計は四、七〇四km。

第十二章　アーミッシュの馬車

7月5日（金）

ホテルの朝食を食べ、午前六時に出発して町の中心に向かう。バトラーは人口が一万人ほどの小さな町だ。まだ暗くて、人影のない寂れた町の目抜き通りを過ぎて、68号線を探し回るが、坂道が多くて上り坂の勾配がきつい。汗だくになって、重い自転車を押しながら坂の上り下りを繰り返しているうちにクタクタになってしまう。68号線を進んでチコラの町に着くが、ここもバトラーと同じように急な坂道がつづくのでうんざりする。

チコラの町を過ぎて山の中を走っていると果物の露店をやっている中年の女性が「水を上げるよ」とボトル一本渡してくれる。人影のない所で人の姿を見かけたのでホッとする。

68号線を進んでいるとブレイディズ・ベンドの辺りで大きく蛇行しながら流れるアレゲニー川を越える。緑の岸辺に囲まれて静かに流れる雄大な川の光景のあまりの荘厳さには息を呑んでしまう。感動の余韻を味わいながらイースト・ブレイディーという小さな町を通り過ぎて、リマーズバーグに着く。

コンビニで店員にクラリオンまでの距離を尋ねていると、六十代後半の温厚そうな白人男性がしばらくこちらを見つめた後で口を開く。

「日本語は話せますか？」

「えっ、日本語が話せるんですか？」びっくりして聞き返す。

「横須賀や厚木、沖縄などにいたことがあって、いまも日本人の友達との付き合いがあるんだよ」と日本の思い出を話し始める。

「空母ミッドウェイなどに乗って、電気系統の仕事を担当していたんだよ」軍隊の厳しい仕事に二十数年従事してきただけあって、小柄だが引き締まった体つきの人だ。

「軍隊をリタイヤした後はリマーズバーグに住んでいてね。家の周りが農地なんで、普段はその世話をしたりして、のんびり暮らしてるよ」とスマホで広大な庭や家族の画像を見せながら話してくれる。

フォードの小型トラックに乗っていたフィリピン人の奥さんに挨拶すると「クラリオンまで車に乗せていってあげるから」と誘われる。

「いや、自転車旅行をしてるから、せっかくですけど」と断るのだが、相手は引き下がらない。根負けして、自転車とバッグを荷台に乗せて車に乗り込む。

「このあたりは冬は雪が降るんですか？」

「降るなんてもんじゃないわよ。ものすごく積もるし、それに寒くてね。道路も凍結しやすいの。それに雨が多いのね。今年は雨ばっかりだね」奥さんの言葉では冬の気候はかなり厳しい所らしい。

「スバル車でも買ったらどうですか。路面の凍結に強いからね」

「いや、この車とは別にスバルは二台持ってるよ」

「この辺りの農地ではどんなものを作ってるんですか?」

「コーンとかそばが多いね」

「この辺りには炭鉱があったので、アイリッシュ系の労働者が多かったんだよ」スライゴの小さな町を通り過ぎる時、男性が窓の外を見ながら語る。そういえばアイルランドにはスライゴという町がある。移住してきたアイルランド人が名付けた町なのだろう。

狭くて、路肩のスペースもまともにない道路を走って、クラリオンの予約しているホテルに到着して、お別れ。

クラリオンは、人口五千人ほどの町だが、そばにウォルマートがあったので、バナナ、ヨーグルトなどを購入。

今日の走行距離五二km、累計は四、七五六kmとなった。

7月6日(土)
ヨーグルト、バナナの朝食を終え、午前五時半に出発。322号線を東に進む。町は坂が多くて起伏が激しいので、汗びっしょりになりながら進む。このところ通り過ぎる町の中心はどこも急な坂道だらけだ。郊外になるといつものように農地や林の広がる、のどかな風景に包まれる。
農家で道を教えてもらって、ついでにこの辺りの作物を尋ねるとコーン、大豆、オート麦、そばなどを作っているとのこと。やはりかなり冷涼な気候の所らしい。

コルシカを通り過ぎ、午前八時過ぎには、ブルックビルにたどり着き、バーガーキングでブリトーを食べながら休憩。昼すぎ、レイノルズビルという町でアイスクリームの店に入る。アメリカの食事は旨くないというのが通り相場だが、専門店のアイスクリームとなるとその味は格別だ。

安全のために遠回りをするつもりだったが、複雑な経路が面倒になったので、322号線をそのまま進む。

雨が降り出したので、そばにあった店の軒下に飛び込む。雨宿り中のバイク二人組の先客がいる。カナダ人で、ドゥカティとスズキに乗っているのだが、日本では見たことがないほどの超大型のバイクだ。お互いの旅の話をしたり、バイクのことを尋ねたりして、雨がやむのを待つ。

その一人は「エンジニアなんだけど、公的部門で国の産業全般の振興する仕事をしてるんだよ」いかにもエリートらしい人だ。

「今日はどこまで行くの?」

「今日、自宅のあるトロントに帰るんだよ」ここからカナダは意外と近いようだ。国境を越えてツーリングを楽しむ姿がいかにも大陸の国らしい。

二人が出発するのを見送った後、つづいて出発。午後五時近くになってきたので、先を急がなければならない。走っているうちに反対方向に向かっているのに気づく。それもかなりの距離を走ってしまった後だ。空が厚い雲で覆われていて、太陽の位置がわからないこともあって、方角を間違えてしまったらしい。しかし、ここまでの方向音痴ぶりにはさすがに自分でも情けなくなる。

一時間も雨宿りした後、反対方向に走ってしまった上にもとに戻る途中で道がわからなくなり、二時間近くも行ったり来たりを繰り返す。

夕方になってきたので、一刻も早くホテルに着きたいのだが、まだ先は遠い。焦りながら、先を急ぐ。

あきれるほどの長い下り坂が延々とつづく。霧が出てきたので、ライトを点灯。曇り空が一面に広がり、それが山の緑を包む深い霧と溶け合い、雲と霧を背景に森が暮れなずんでいく神秘的な光景に息を呑む。

昨日はアレゲニー川の辺りの風景の素晴らしさに圧倒されたが、この付近の景観は見事としか言いようがない。陰鬱そのものの曇り空なのだが、下り坂が延々とつづくこともあって、気分がいい。天候が良かったら、最高のサイクリングになったはずなのが、少し残念だ。

走っていると、路肩に車にはねられた小さなアライグマ三匹を見かける。アライグマの姿はよく見かけるので、この辺りではかなり多く生息している動物らしい。しかし、幼いアライグマが横たわっている姿はなんとも悲しすぎる。

午後八時過ぎになって、やっとクリアフィールドに到着。市の中心から東に離れた郊外にあるモーテルにチェックインする。

今日の走行距離一一〇km、累計は四、八六六kmとなった。

緑の中にヴィクトリア朝風の邸宅が並ぶ

7月7日（日）休息日

クリアフィールド滞在二日目。

昨日は遅くなってホテルに着いたので、疲れがひどい。とても走る気分になれないので、今日は休養日にする。町に出かける気にもなれず、部屋のベッドで休んで一日を過ごす。そばに一軒あるだけのファストフード店で昼も夜も済ませる。

ペンシルベニア州に入ってから、少しずつ目的地のニューヨークに近づいているので旅もいよいよ最終段階となってきた。しかし、旅を始めて以来、はるかかなたの目標に向かって走ることに慣れきってしまったこともあって、旅が終わりに近づいているという実感がいまだにわいてこない。このまま延々と走りつづけていかなければならないような錯覚に陥っているような感じがする。

7月8日（月）

今日は朝から雨となる。バナナを食べて、午前六時に出発。

雨が上がって、曇り空になるが、寒いのでパーカーを着て走る。坂道が多いので、汗まみれとなる。

そのうち山の中にさしかかった辺りで雨となる。木の下でしばらく雨宿りしているうちに雨雲が一面に広がってくる。322号線は道幅が狭くて、路肩のスペースがない上にダンプカーやトレーラーなどの大型車が多いので、冷や冷や。

やがて下り坂が多くなってきたので、快適な走りになる。延々と下り坂がつづき、いつの間にこんなに高い所まで来ていたのかと驚くばかり。小高い山々に囲まれた、緑一色の世界をひとり黙々と進むだけだ。大雨になるのが心配だったのだが、小雨がぱらつくだけで天気はなんとか持ちそうだ。

ポートマチルダという小さな町を通り過ぎて進むうちに道を間違えていたことがわかって、いったん引き返したりして、やっとベルフォンテに到着。

山のそばを通る道路を走ってホテルに向かうが、道が狭くて車が多いので、冷や汗をかきながら進む。渓流が流れ、緑に溢れた山間の小さな町だ。かつて鉄鉱石が産出して繁栄した所で、ここは町の富裕層が住んでいたヴィクトリア朝風の古い建物が並ぶ住宅街で知られている。細くて勾配のきつい道路を上って、かつての邸宅の並ぶ通りにあるホテルに着く。辺りは古い建物ばかりで落ち着いた雰囲気に包まれている。今日泊まるホテルも昔の邸宅をそのまま活用した所だ。

階段を上がって、手すりに囲まれたポーチから玄関の中に入ると薄暗い室内は昔のままの造りで、過ぎ去った時が滞留しているといった雰囲気がする。

「私たちは、夫が陸軍の仕事についていたこともあって、夫婦で札幌に住んでいたのよ。それで私は専門学校でしばらく英語の教師をやってたのよ」出迎えてくれた女主人が語る。

辺りは閑静な住宅街になっていて、まともに店もないので、外出もしないで、狭い階段を上がった二階の部屋で休む。

「私が帰宅したら、ぜひ日本のことなどをお聞きしたいの」と言い残して、急な寄り合いの用で出かけた女主人を待って、夜遅くまで眠らずにいたのだが、戻ってこないのでそのまま就寝。
今日の走行距離七六km、累計は四、九四二km。いよいよ、五千kmの大台に近づいてきた。

7月9日（火）

起きたのが午前六時半。いつもは午前五時に起きるのだが、大幅に寝過ごしてしまった。大あわてで荷物をかかえて一階の食堂に飛び込む。薄暗い食堂で、女主人と会話をしながら、ワッフルの朝食を食べる。

「この辺りに並んでいる住宅は皆古くてね、この家は、建ってから一四〇年ほどになるの。ところで、二年ほど札幌の専門学校で講師をやっていた時の教え子がこの八月にここに泊まりに来てくれるのよ。楽しみだわ。それに息子は日本で生まれたのよ」と日本の思い出を語る。

「ところで、アーミッシュの人たちは見かけた?」

「いや、見てませんけど。この辺りには多いんですか?」

「多いわよ。知り合いにもアーミッシュの人たちがいるしね。馬車に乗っていて、服装が独特だから、すぐわかるわよ。主人の働いている職場にもアーミッシュの女性がいてね。スマホは持ってもいいらしいけど、でもどうやって充電してるのかしらね」と少し笑みを浮かべる。

アーミッシュは、厳格な宗教的戒律を守りながら、農耕や牧畜などの自給自足の生活を送っている集団で、車に乗らないし、テレビも見ないなど、近代的な文明の恩恵を受けることを拒否している特異な人たちだ。

アーミッシュは、このペンシルベニア州だけではなく、通り過ぎてきたインディアナ州、オハイオ州にも多いらしいのだが、いままで一度も見かけたことがなかったので、これから出会う機会があるかどうかはわからない。あわただしく食事を終えて、出発。

狭い通りを抜け、144号線を進む。山の中の上り坂で、道路幅も路肩もやたらに狭い。しかし、大型車が多いので、走るのも命がけだ。

急な上り坂を汗みずくになって自転車を押していると、横に車が止まる。パトカーだ。一瞬ドキッとする。「大丈夫か?」と声をかけてくる。

汗だくになって急な坂道をのろのろと歩いている姿が傍目ではいまにも倒れそうに見えるらしい。「大丈夫ですよ」と答えるが、相手は心配らしくて、こちらの体調を確かめるように何度も声をかけてくる。

「なんとか進めるから大丈夫ですよ」と警官を安心させるように、少し無理しながら、笑顔を作って答える。

それでも、二キロほど自転車を押しながら上っているうちにようやく下り坂となる。

緑に包まれた小さな山道を走ってセンターホールに着き、192号線でマディソンバーグを通り、445号線を進んでいると橋が落ちて道路が通行止めになっている。川幅が狭いので、工事関係者に手伝ってもらって、橋の脇から自転車を運び、なんとか川を渡る。

両側に山がそそり立つ狭い谷間の道を進んでいると人影も人家もないので、山奥に踏み込んでしまったような気分になってきて恐怖感に襲われる。

そのうちやっとミルハイムの小さな町に着いて、一息つく。

町の小さな目抜き通りで飲み物を売っている店を探していると、二人連れの女性が乗った馬車が止まっている。アップした髪型に白いかぶりものをして、同じ薄い紫色のワンピースを着た、スリムな体形の女性たちだ。アーミッシュの女性だ。町に買い物に来ているらしい。写真を撮らせてもらおうと声をかけるが「馬の方を撮って下さいな」と撮られるのを嫌がるような様子。

馬車に乗ったアーミッシュの女性

世俗的なものから離れて信仰の生活を送っている人たちらしく、どこか恥じらいを含んだような表情がなんとも清純そのものの印象がする。

セントルイスの動物園でも、ひときわ目立つ、十数人の若い女性たちのグループを見かけていた。皆同じワンピースに、髪型も同じで、厳しい寄宿制の学校の学生たちと思い込んでいたのだが、いまになって思えばアーミッシュの女性たちだった。

アメリカでは、Tシャツとショートパンツ姿に、はち切れそうな巨大な胸やヒップ、太もも、タトゥーの入った腕などを誇示するかのようにさらけ出し、欲望を辺り中に発散させているような女性が目立つこともあって、そのほっそりとして、上品で清楚な感じはアメリカ的なものとはほど遠い雰囲気がする。

その後、農地に囲まれた小さな田舎の道を走っていると、長い顎髭の男性と男の子が乗った馬車が通り過ぎるのを見かける。これもアーミッシュの人たちだ。一見して、ひょうひょうとしながら生きている姿がほほえましくて、どこかなつかしさみたいな感情を覚えてしまう。

馬車を表示した道路標識を見かける。馬車に注意の警告だが、実際馬車が事故にあうことが少なくないようだ。

昼過ぎにウッドワードという山の中の小さな町に着く。店の場所を尋ねると「この町には食べ物や飲み物を売っている店なんかないよ！」とにべもない答え。民家が並んでいるだけの小さな町には店がない上に上り坂が延々とつづくのでため息が出てしまう。今日中にルイスバーグに着けるか自信がなくなってきて、不安に襲われる。

しかし、ここを過ぎると上り坂が少なくなり、少しずつ平たんになってきて、やがて下り坂となったので胸をなでおろす。

午後六時ごろ、ルイスバーグに到着。芝生が広々とした大学のある、落ち着いた感じの町だ。今日は、一日、山の中みたいな所を走って、通り過ぎたのは小さな田舎町ばかりだったので、人口が五千人ほどのルイスバーグをやけに大きく感じる。

町の中心にあるホテルに向かって、国道15号線を進むが、坂道になっている上にとにかく車が多いので、肝を冷やす。周りの車に注意しながら、少しずつ上り坂を進んでホテルにたどり着いた時にはやはり恐怖感から解放されて、胸をなでおろす。何度走っても交通量の多い、危険な道路を走るのはやはり怖い。

ホテルのフロントはムンバイ出身の愛想のいいインド人で、部屋もなかなか立派なのだが、道路が危険すぎてそもそも自転車で気軽に行けるような立地ではないので、二度とお世話になりたくないホテルだ。

今日の走行距離九五㎞、累計は五、〇三七㎞。五千㎞の大台になった。

第十四章　ニューヨークを目前に息も絶え絶え

7月10日（水）

午前五時半、カップ麺だけの朝食を済ませて出発。まだ朝早くて車が少ないので、なんとか恐怖のハイウェイを抜け出て、45号線に移る。霧が深いので、ライトをつけるが、それでも見通しがきかない。しばらく走ってサスケハナ川を渡る。辺り一帯に霧が立ち込めているのはこの川のためらしい。

やがて、辺りは農地の広がる田園風景となる。東に進み、マウスデールからは54号線に移るが、高速で飛ばす車に肝を冷やしながら走る。

久しぶりに大きな道路を走ったので恐怖感が半端ではない。ダンビルに着いてレストランで朝食となる。疲れがたまっているので、まったく食欲がなくて、大きな皿に山盛りになったパンケーキ、フレンチトースト、目玉焼三個は見ただけでげんなりとなる。

口に詰め込むようにしてなんとか食べ終わるが、疲労が激しくて動くのもつらくなる。

ペンシルベニア州は坂道が多くて、毎日厳しい走行になっているので、疲れがかなりたまっているようだ。店を出ると公園や通り沿いのベンチで休むが、気温も湿度も高いこともあって、いっこうに疲れがとれない。

ベンチに坐って、ぐったりとしながら時を過ごす。ベンチの下で無邪気に遊んでいるツグミみたいな鳥がひとり旅に疲れ切った心を慰めてくれるだけだ。二時間以上も休憩して、やっと重い腰をあげて、自転車でのろのろと進み始める。

車にはねられて路上にうずくまっていた鴨が後続の車からも接触されて、羽ばたきながらもがき苦しむ姿を見てつらくなる。路肩に横たわった鹿の遺骸に今日は二度遭遇したがこのところ毎日のように見かける。先日、幼いアライグマ三匹が路上に横たわっているのを見て悲しい思いをしたばかりだが、動物たちが車に命を奪われるのは路上では日常のありふれた光景だ。

ブルームズバーグに近づき、予約しているホテルの道を尋ねると店にいた老年の男性が「ベトナム戦争の時に、陸軍で佐世保などにいたんだよ」日本好きの人らしく懐かしそうに日本の思い出を語ってくれた後で、そばの自宅からミネラルウォータや桃を持ってきて、渡してくれる。教わった道を走ってブルームズバーグのモーテルに到着。疲れがひどくて、もう限界状態だ。

今日の走行距離五七km、累計は五、〇九四km。

7月11日（木）
今日は近くのヘイズルトンに向かう。距離も三〇キロほどなので、のんびり走れそうだ。時間的にも余裕がある。まずは出発前に隣のレストランで朝食。
ベーコン、目玉焼き、トースト、ポテトに直径二五センチほどもあるパンケーキが二枚。ずっとファストフードばかりでうんざりしていたのだが、いざレストランの料理を前にしても量の多さに見ただけでもげんなりとなる。

疲れがたまっているので食欲がないのだが、栄養は補給しなければならないので、口に詰め込むようにしてなんとか食べ終わる。

サスケハナ川沿いの国道11号線を進むが、車が多くて路肩のスペースがないので、冷や汗を流しながら走る。

バーウィックという所で道を尋ねると「途中には高い山があるから、自転車だと大変だよ」と真顔で言われたので緊張する。93号線へ移り、サスケハナ川を越えて、山の方に向かって走る。アメリカは、山が多い所でもトンネルはほとんどない。丘を通る道は、丘を真正面から乗り越えるような道が多いが、高い山になると山の斜面を進み、谷間の低くなっている辺りを越えることが多い。この93号線はとにかく勾配のきつい坂道が延々とつづき、予想したよりもはるかに厳しい道路だ。

山の中の起伏の激しい道路を汗水たらしながら進んでいるとスーパーがあったので、店に入る。店員に道を尋ねていると、そばにいた客の中年の主婦が心配気な顔で話しかけてくる。

「この先はとにかく上りがずっとつづくのよ。それから一度下りになるけど、また厳しい上り坂になってしまうのよ。大丈夫?」右手で大きな波の形を描くように坂の様子を話してくれる。

「ありがとう。なんとか進めると思うから」と安心させるように答えるのだが女性は依然として不安そうな表情で「本当に大丈夫なの?」と確かめるような言い方をする。女性は、こちらの疲労しきった様子を見かねたらしい。

「緊急に連絡する必要があるかもしれないから、私の電話番号を教えてあげましょうか?」いかにも親身になって心配してくれているのが伝わってきて、なんとも嬉しくなる。しかし、いまさら引き返すわけにもいかない。

「山越えはなんとか頑張ってみますから」と女性を安心させるために笑顔で答える。

「途中に店があるから、とにかく必ずそこで休憩して、飲み物とか買っておかないとだめよ。そこから先がまた厳しくなるからね」とアドバイスされる。その親切さには感謝するばかり。

今日も路肩に鹿が死んでいるのを見かけたが、前を通るたびに胸が痛む。

道路を進んでいると女性から言われたコンビニの前を通りかかる。予想以上に坂道が急なのでもうヘトヘトになっている。飲み物を買ってしばらく休憩。

インターステート80号線につづいて81号線の高架を通過すると、やがて道路に面したホテルが見えてくる。ここもインド人の経営するホテルだ。

今日は、距離が短かかったので楽に走れると思い込んでいたのだが、厳しい勾配の坂道が延々とつづいたこともあって、自転車を押しながら歩きつづけて、息も絶え絶えの状態でへイズルトンのホテルにたどり着くことになってしまった。

このところ山の中を走っていてニューヨークの雰囲気とはほど遠いこともあって、ニューヨークに近づいている実感がまったくわいてこない。

今日の走行距離三八km、累計は五、一三一kmとなった。

7月12日（金）

午前五時半、フロントにキーを返しにいくと主人がカウンターの前に坐っている。

「朝食を用意してあるから、食べて行ったら。簡単なものしかないけど」食欲が戻ってきたので、いただくことにする。

「ホテルの仕事も一日中忙しくて大変な仕事だね」と食パンを口にしながら主人に話しかけると平然とうなづくだけ。インドでの厳しい生活に慣れているせいか、仕事のつらさは気にしている様子がない。

あわただしく朝食を食べ終えて、午前六時にホワイトヘイブンに向けて出発。まだ辺りは暗い上に霧が深い。出発したとたんに道がわからなくなって、走り回って、やっと940号線を見つける。

林に囲まれた道を進んでいるうちにまた道を見失い、林の中の一軒家の前で子犬と遊んでいた幼女を見つけ、呼んでもらった若い父親に道を教えてもらい、緑につつまれた道を進む。

ようやく今日の目的地ホワイトヘイブンに近づいてきたが、疲れがひどくて、進むのがやっとの状態になる。

疲れ切った体を励ますようにしながら、なんとかホワイトヘイブンの町を通り過ぎる。940号線沿いにあるモーテルを探しながら、緑に囲まれた小さな道を進むが、林が延々とつづくだけで、人家がない。通り過ぎてしまったのかと不安になりながら進んでいると目の前にやっとモーテルの姿が現れる。町から遠く離れた、林の中にぽつんとあるモーテルで、辺りには店らしいものがなにもない。ここもインド人の経営だ。食事もできないので、女主人に相談すると「後で、主人がホワイトヘイブンに買い物に行く時に車で連れて行ってあげるから」と言われて一安心。

疲労困憊の体を休ませた後、ホワイトヘイブンの町へ出かけるインド人オーナーの車に同乗させてもらう。五十歳くらいで、いかにもインド人らしく、音楽好きな人物で、車内にはインド音楽特有の激しいリズムの曲が流れる。

ホワイトヘイブンに向かって、林の中の940号線を進むが、二車線の狭い道路の反対車線から車が高速で飛ばしてくるので、すれちがうたびに恐怖で身がすくんでしまう。

「インドではどんな言葉を話してたの?」突進してくる対向車から少しでも気をそらすために話しかける。

「グジャラート語だね。ガンディーの出身地だよ。ヒンディー語と英語も話すけどね。インドは地方ごとに言葉がちがうから、まともに意思疎通もできないんだよ。とにかく、二千も言葉があるんだから、不便なんてもんじゃないよ。地方に行くと駅などの掲示が全然理解できないほどだからね」

オーナーが夢中になって話し始めると今度は車の運転が心配になってくる。

「忙しそうな仕事だね」

「忙しすぎて、二四時間暇なしで土日もないよ。とにかく時間がないからまともな趣味も持てないしね」ホテル業も家族で切り盛りとなると、忙しすぎて普通のアメリカ人には完全に敬遠されるような過酷なビジネスだ。働き者のインド人にホテル経営者が多い理由がわかるような気がする。

「インドはいま経済発展してるよね」

「そうだね。国に帰るたびに自分が遅れているのを気づかされてるよ。それくらいインドは日進月歩で変貌しているからね」

「ところで、これはスバル車だね」

「そうだよ。米国車や日本車には何台も乗ったけど、米国車はガルベジだよ」

インド人特有の癖の強い発音で「ガルベジ」と言われて、最初はなんのことかわからず、思わず、聞き返すと「garbage」ゴミのことだ。

「こちらの食べ物には慣れたの?」

「こちらは塩だけとか、香辛料も使わないからね。とにかく何もない料理だからね」こちらの食べ物にはいかにも不満そうだ。とりとめのない会話をかわしながらホテルに着く。男性は目の前を指さして「ほら、あれがそのゴミだよ」と言われて見るとダッジ車が止まっていた。

今日の走行距離四〇km、累計は五、一七二kmとなった。

7月13日(土)

朝五時半、カウンターで見守っている主人の目の前で朝食。

一日中働きづくめのインド人の働き者ぶりには感心するばかり。

940号線から115号線に移る。気温が上がってきたが、下り坂も多いので、順調に進む。ブロッドヘッツズビルからはグリーン・ビュー・ドライブという自転車道を走り始めると周りには林や農地がつづき、田舎の風景が広がる。

林の中の道を進んで、停車中の車に道を尋ねるとイギリスから来た親戚と一緒にドライブ中の家族だ。

「サンタモニカから旅をつづけてるんだけど、数年前にはイギリスを自転車旅行をしたんだよ」と話すと皆目を丸くしながら、旅の話に熱心に耳を傾ける。

道を教えてもらって走っていると、後ろから犬が吠えながら追いかけてくる。犬から逃げようとスピードを上げかけるが、よく見てみるとなんとも可愛い犬。「この犬と遊べるいいチャンスだ！」さっそく自転車から下りて、犬の相手をしながら、犬を散歩させていた二人連れの女性にまた道を尋ねる。

「このまま真っすぐ行って、突き当たりを左折して行けばいいよ」

「この犬は何という名前なの？」

「スキピーという名で、ミックス犬よ」成犬なのだが、丸々としていて、まるで子犬。そのまま連れていきたくなるほどの可愛らしさ。犬を撫でたりしていると「ニューヨークのクイーンズ地区に住んでいたんだけど、疲れはててこちらに引っ越してきたのよ。マンハッタンなどはもううんざりだね。とにかく騒々しくて、落ち着かなくて、人の住むような所ではないわよ」とその一人が顔をしかめながら話す。スキピーともう少し一緒にいたかったけれども残念ながらお別れ。

スーパーに入って、レジ担当の女性店員に道を尋ねる。レジの前には客が六、七人も並んでいるのだが、その店員は、客のことなどいっこうに気にも留めずにスマホで道路を調べ始める。さすがに後ろに並んでいる人たちが気になって、後ろの客たちにレジの前に行くように声をかけたりするのだが、店員は並んでいる客たちのことは無視して、相変わらずスマホに一所懸命。日本だったら、ほかの客から文句を言われるはずだが、皆辛抱強く待っている姿には感心するばかり。

209号線を進んで、昼過ぎにストラウズバーグに到着する。曲がりくねりながら流れるマクマイケル川のそばにあるホテルに到着。チェックインした後は町を散策。人口は五千人ほどだが、目抜き通りには古い建物が並び、落ち着いた雰囲気の町だ。

理髪店を見つけたので入る。日本を出てから初めての散髪だ。黒人のスタッフは、少し荒っぽいが、なかなか器用で、二〇分ほどで終了。料金は20ドル。

中華料理店に入って、テイクアウトを注文する。

アメリカでは、細やかな気配りを感じさせるような店員は多くはないが、この店の中国人スタッフは話し方もつっけんどんで、無愛想、気配りなどみじんも感じさせない。顔だちも日本人とはかなりちがっているし、感性の異質なことは歴然としている。

インド人も中国人に似ているという印象を持っていたのだが、このむきだしの生命力を感じさせる中国人に比べるとインド人がなんとも大人しくて、上品な人たちに思えてくる。

地形の厳しいペンシルベニア州を少しずつ東に向かって進んできて、最終の目的地ニューヨークも近くなってきた。よくここまで無事でやってこれたという思いはあるのだが、いつ終わるのかわからないような、あてどのない旅をしている気分でずっと過ごしてきたこともあって、ニューヨークまであとわずかになったという実感がいまだにわいてこない。

今日の走行距離五四km、累計は五、一二六km。

7月14日（日）

今日の目的地は十数キロ先のイースト・ストラウズバーグなので、気が楽だ。疲れがたまっているので長い距離を走りたくないということもあるが、最終の目的地ニューヨークに近づいてきたので、ニューヨークのユースのチェックインの日付に合わせて、日程の調整をするためだ。

今日は209号線を走るだけなので、道に迷うこともない。午前一〇時、のんびりと出発。ペンシルベニア州の走ってきたルートは、山が多いので狭くて曲がりくねった道路が目立ったが、緑に囲まれた道路は予想外に起伏が少なくて走りやすい。

しかし、相変わらず道路はかなり傷んでいる。ペンシルベニア州は、ラストベルトの経済的に衰退している地域とされているだけあって、当然のことなのかもしれない。

昼すぎにモーテルに到着。広い敷地の中のプールでは、夏の日差しを浴びながら女性客たちが泳いでいる。

長い間、寒さには命の危険さえも感じながら旅をつづけてきたこともあって、その姿を目にすると低温の恐怖から解放されたという思いで、気持ちが和らいでくるのを感じる。

部屋では、結局一度も使うことのなかったカイロや持参してきた大量の地図のコピーなどを捨てたりして過ごす。

山や丘の多いペンシルベニア州はかなり厳しい走りになると覚悟していたが、予想通りのつらい走行がつづく。

三か月近く走りつづけて、疲労が蓄積していることもあって、毎日の走行距離を抑えめにしても疲れがなかなかとれない。息も絶え絶えといった状態でホテルにたどり着く日もある。

明日も走行距離を短めにして、体力を回復させながら少しずつニューヨークに近づいていくことにする。

今日の走行距離一七km、累計は五、二四三kmとなった。

7月15日（月）

昨日テイクアウトした中華の残り物を食べた後、午前六時に出発。霧が深くて、先が見通せない。このところTシャツ姿で過ごしてきたが、少し寒いので、パーカーを着る。

相変わらず209号線は道幅も路肩も狭い。道の両側には、空を覆い隠すほどの高さの木々が立ち並び、霧が立ち込めていることもあって、辺りは薄暗い。あまりにも寂寥とした風景には少し怖さを感じるほどだ。

周りに森や林が広がる、うっそうとした雰囲気の道路を走る。左側は道に沿って小高い丘が延びていて、その斜面に樹木が生い茂っている。右側の林は時折開けて、コーン畑などが姿を現わすが、また林がそれを閉ざしてしまう。まったく人家を見かけないので、今日泊るホテルでは、どうやって食糧を確保しようかと少し心配になってくる。

道端で休憩している時、ふと空を見上げるとパラグライダーがいくつもゆったりと滑空している。高所恐怖症の自分には、空中にぶら下がったまま空を漂うなど考えただけでも卒倒してしまいそうで、その勇気には感心するばかりだ。

昼、ミルフォードの町に到着。

209号線沿いのホテルにチェックイン。食事が心配になったのでインド人の女主人に食料品店の場所を尋ねる。「そばにスーパーがあるよ」と言われて、一安心。歩いて行ってみるとなんとウォルマートだ。まさかこんな辺鄙な場所にウォルマートがあるとは思ってもみなかったので、びっくり。

今日の走行距離四四km、累計は五、二八七km。

7月16日（火）

ヨーグルトの朝食を食べて、午前五時半に出発。まずはそばにあるポート・ジャービスの町に向かっているとやがて道が行き止まりになる。そばにはRVパークがあるだけの人影がない寂しい所だ。

アメリカには、キャンピングカーのためのキャンプ場があちこちにある。キャンピングカーで旅をしている人たちが滞在する施設だが、利用者は必ずしも旅をしている人たちばかりでなくて、キャンピングカーを家代わりにしている人も少なくないらしい。キャンプ場には水や電気が供給され、トイレも完備されているので、キャンピングカーは移動可能な簡易住宅みたいなものになってくる。中には自力では移動できない、半固定式のモービル・ホームといわれるタイプもあるようだ。金属製のプレハブ形式の住宅みたいなもので、住居費が安上りなので、この種の住宅に住んでいる人たちは、貧乏人の代名詞、トレーラー・トラッシュ、つまりトレーラー住まいのクズと呼ばれたりする。

一見、豊かそうに思えるアメリカにもそういった貧しい人たちは多い。ビル・クリントンの親もトレーラー・トラッシュに属する人たちだったが、その息子が大統領になれるのもまたアメリカだ。

あわてて道を引き返し、すぐそばのポート・ジャービスに向かう。ポート・ジャービスはデラウェア川に臨む、ニューヨーク州、ペンシルベニア州、ニュージャージ州が接する辺りに位置する町だ。

しばらく走って、ポート・ジャービスのそばにかかっている橋の前に着く。この橋の路面は例によって床が鋼鉄製で、一面に三角形の穴が開いているグレーチングみたいになっている。様子をうかがうと歩行者用の通路の床は幸い下方の水面がみえないので、怖気を震いながら、渡り始める。少し焦りながら、なんとか橋を渡り、ニューヨーク州に到着。

ポート・ジャービスを通り過ぎて、六号線に移動する。丘と林があるだけで相変わらず人影がない。やがて、きつい上りが始まる。勾配が大きいので延々と自転車を押して歩くだけになり、先日のヘイズルトンに向かう時の起伏の大きな道路にさんざん苦しんだ記憶がよみがえってくる。一七キロほど進んだ辺りで、ようやく下りが始まり、胸をなでおろす。

スレイト・ヒル辺りでぽつんとあった店を見つけ、パンにオムレツをはさんだものを作ってもらう。ハンバーガーに食傷していたこともあって、その旨いこと。手造りの食べ物はやはり美味しい。

ゴーシェンへ近づくにつれ、それまでの林の広がる光景が少なくなり、人家が多くなってくる。ホテルに着くが、交通量の多い道路に囲まれているので、あまり落ち着けそうもない。ニューヨークに近づいていることもあって、道路も広くて、高速で飛ばす車で溢れている。インターステートを上回るすさまじい迫力に見ているだけでも恐怖感に襲われてしまう。

いよいよ、あと四日ほどでニューヨーク到着となったが、いまだに実感がわいてこないのがなんとも不思議な感じだ。

今日の走行距離四六km、累計は五、三三三kmとなった。

7月17日（水）

今日の目的地はモンローだ。辺りは交通量の多い道路がいくつも並行していて、自転車で走るのはかなり危険そうな所のようだが、幸いにオレンジ・ヘリテージ・トレイルという遊歩道があるので、今日はなんとか気楽に走れそうだ。走り回って、オレンジ・ヘリテージ・トレイルを見つけて走り始める。

林に囲まれた遊歩道は日の光に透過された葉の緑に染まり、木立の間から虫の鳴き声が辺りに広がる。先日から耳にするようになったが、セミらしい。ヨーロッパのセミと同じで地味で単調な鳴き声だ。

日本では、身近にいる犬や猫、スズメ、鳩などの生き物たちにいつも心を和まされている。時の移ろいを知らせてくれるセミやトンボもそうだ。あるがままの生を受け入れているかれらの屈託のない姿に生き方を教えられているような気がして、自分には心の通じ合える友達といってもいい存在だ。ところが、どういうわけかアメリカでは、犬をのぞいて、日本ではどこにもいる野良猫やスズメ、鳩などの姿をあまり見かけない。日本は、人と共生する習性を持ったこれらの生き物が住みやすいようなおだやかな環境に恵まれているのかもしれない。

湿度が高くなって、Tシャツ一枚で全身汗びっしょりになって走っていると、前方に歩いている男性が目に入る。黒いコートに黒い帽子姿は一見しただけでユダヤ人だ。この蒸し暑さの中で、この服装にさすがに呆気にとられる。

一五キロほど走ると林の中の遊歩道も終わり、モンロー村に入る。ここでもユダヤ人が被る黒くて小さな帽子姿の男性を見かける。頭に被るというよりもつむじの辺りに載せているという感じのものだ。ニューヨークはユダヤ人が多い所らしいが、この辺りにも多そうだ。

17号線を走って、昼頃ホテルに到着。辺りには店がまばらにあるだけの閑散とした所だ。中華のテイクアウトで食事。いよいよニューヨークが近づいてきたのだが、周りを緑に囲まれていることもあって、いまだに実感がわいてこない。

明日は、少し厳しい走行になりそうなので、ネットでルートの検討をしながら過ごす。

今日の走行距離二〇km、累計は五、三五三km。

7月18日（木）
今日はアーデンという所まで走って、ハーリーマン州立公園の中の小さな道を走るつもりだが、ルートが複雑な上に周辺には人家がないので、昨夜からずっと緊張しっぱなしだ。
今日は、それほど長い距離を走らないので、午前一〇時に出発する。
緑に包まれた17号線を走り、アーデンの辺りに着く。そこで公園の中に入る脇道を探すが、見つからない。引き返して、道を尋ねるためにガソリンスタンドのそばのコンビニに入る。レジの辺りには仕事に出かける前の地元の客が集まって、コーヒーを飲みながら雑談している。皆顔見知りの常連たちらしく、和気あいあいの雰囲気だ。さっそく州立公園の中を通る道を尋ねる。

「州立公園の中を通るそのルートは、途中が私有地になっているから走れないよ。もっと南に行って、公園の南側にあるアーデン・バレー・ロードを走るしかないよ」とアドバイスされる。

皆こちらの自転車で旅行している姿を見て、よほど関心をそそられたらしく、旅のことをいろいろ尋ねてくる。

「どこから来たの？」

「日本からだよ。サンタモニカから走ってきたんだよ」

いつものことだが、皆びっくり顔になって、さらに質問してくる。

「ところで、歳はいくつよ？」とくに興味を持ったらしいオーナーが尋ねてくる。

「歳なんか忘れてしまったよ」といつもの答えをする。

「いったい、いくつなんだね？」オーナーは執拗に食い下がってくる。

「五十二歳くらいかね」探るような目つきをしながらオーナーが話すのを、黙ってうなずく。年齢の嘘は世間でもまあ許してもらえるはずだ。

「仕事はなにやってるの？」

「もうリタイアしたよ」

「五十二歳でリタイアしたのかよ。なんか変だな。その年齢でそもそも年金がもらえるのかよ？」

とオーナーいぶかしげな表情で、周りの連中に問いかける。

「年金は早期でもらえる制度もあるんだよ。そんなことも知らないのかよ」と客の一人が諭すような言い方をする。

客のうちの二人はこれからニューヨークの仕事先に車で向かうらしく、胸元をポケットチーフで飾った、いかにも都会風の洒落たスーツ姿だ。旅の間中、ジーンズや短パンにTシャツといったラフな姿ばかり見てきたこともあって、ニューヨークに近くなってきた雰囲気がする。

店を出て走り出す。店で教わったアーデン・バレー・ロードは遠回りになることもあって、最初の予定通り、森の中の小道を走ることとする。森が広がっている辺りをしばらく進むと木立のそばに住宅の点在する小さな集落みたいな所に行き当たる。

「私有地につき立ち入り禁止」の表示が目に留まる。私有地であってもグーグルマップにも表示されているので、走るのは許されているはずと決め込んでその道を走り始める。林の奥に向かって、さらに進む。そのうち、森の中のけわしい小道になってしまう。今朝早く雨が降ったので、道のぬかるみにタイヤがめり込んで走るのが厳しくなる。

汗びっしょりになりながら一時間ほど山道と格闘しながら進むが、周りはうっそうとした森が広がり、くねくね曲がる山道は起伏が大きすぎて、まともに走れない。道を尋ねようにも人影がない山の中なので不安に襲われてしまう。

やがて、少し残っていた車のわだちが消え、小道は雑草に覆われ始め、人が足を踏み入れている気配がなくなってくる。これ以上、この道に深入りしたら、とんでもないことになってしまいそうなので、怖くなって、もとに引き返すことにする。

ほうほうの体で17号線まで引き返して、コンビニを見つけて道を尋ねる。ノートに道順を書いてもらい「この道を東に向かって、真っすぐに四、五マイル走るとその先はわかりやすくなっているから」

と道を教えてもらう。大雑把な地図を頼りにハーリーマン州立公園の中を東に向かって走り始める。

この公園は面積だけでも二〇〇平方キロほど、森や林のそばには三一の湖や小川などが点在する自然を残した大公園だ。うっそうとした森の中の曲がりくねって起伏が大きい山道を進みつづける。車が時々通るだけで、辺りには人影がない。周りに広がっている沈黙したままの自然の冷厳さに怯えめいたものを感じ始める。湖のそばを通るが、天気が崩れてきたこともあって、荒涼とした光景が広がるだけだ。雨が降り出したので、林の木陰で雨宿りをして、小降りになるのを待つ。不安になりながら、進みつづけるとやっとキャンプ場の辺りで人を見つけて、道を教えてもらう。汗みどろになりながら上り坂を進む。湿度も高いので、Tシャツやハンカチを絞ると汗がしたたり落ちる。

下り坂が現れて、少し気分を軽くしながら進むとようやくストニー・ポイントの町となる。町の中の道路も狭くて、曲がりくねり、起伏が大きい。午後三時ごろホテルに到着。今日、走った距離はそれほど長くはなかったのだが、荒涼とした周りの光景に圧倒されながら道に迷いつづけたこともあって、神経的にも消耗しきって着いた時にはもうクタクタ。

今日の走行距離四二km、累計は五、三九五km。

7月19日（金）
今日は十数キロ先のホテルに移動するだけなので、午前一〇時前に出発。周りには相変わらず緑に覆われた山が広がって、田舎の雰囲気しかしないこともあって、いまだにニューヨークのすぐそばまで近づいてきたという実感がない。しかし、今日ナイアックにたどり着けばもうその先はニューヨークだ。

202号線を通って9W号線を走り始める。路肩が狭く、大型車が多い。ダンプカーがクラクションを鳴らしながらスピードを落とさないですぐそばを通り抜けていった時は震え上がる。曲がりくねる道は起伏が大きく、ニューヨークの近くの道路とは思えない。

左手の木立の緑の間から、ハドソン川が姿を見せるが、そのあまりの大きさに度肝を抜かれる。川幅が膨らんでいる辺りらしいが、対岸まで四キロ以上もあるようだ。山道を自転車を押しながら上りつづけ、やっとナイアックに着く。町外れにイタリアンの店を見つけて、朝昼を兼ねて、パスタの食事。食べ終わると、しばらく走ってホテルに到着。

今日は走った距離は短かったが、道路の起伏が大きかったためか、相変わらず疲労が激しい。長旅の疲れが出ているらしい。

ナイアックはハドソン川に面した人口六千人ほどの村だが、洒落た店が並んでいて、東側のハドソン川に向かって傾斜している辺りには住宅が立ち並んでいる。

村の様子を眺めているとニューヨークで仕事をしている豊かな階層の人たちが住んでいる所のようだ。ホテルの周りは、インターステートなどの交通量の多い大型の道路が交差していて、ニューヨークに近づいてきた感じがするのだが、村には小さな建物が多いこともあって、田舎の町といった様子。

いよいよ明日はニューヨークだ。予約しているユースはマンハッタンのど真ん中になるので、車で混雑している道路を無事に進めるのか、考え始めると不安にとらわれてしまうが、もうここまで来たら覚悟するしかない。しかし、この期に及んでも明日はニューヨークに着くという実感がわいてこない。周りの雰囲気が、マンハッタンのイメージとはほど遠いためなのだが、なんとも不思議な気分だ。

今日の走行距離一八km、累計は五、四一三km。

第十五章　マンハッタンぶらぶら歩き

7月20日（土）

朝食を終え、午前七時すぎに出発。ハドソン川のそばを通っているピエモント・アベニューに向かう。坂を下り、洒落た感じの店が立ち並ぶ並木通りに着くとあちこちにサイクルウェア姿のサイクリストたちが集まって立ち話をしている。サイクリングに出かける連中だ。今日は土曜日ということもあって、普段はマンハッタンのオフィスで神経をすり減らすような仕事をしている連中が開放感を求めてサイクリングに出かけようとしているのだ。いままで、アメリカではこれだけ多くのサイクリストの集団を見たことがなかった。都会のサイクリストたちは、いかにも健康志向らしくて、引き締まった体つきの連中ばかりで、田舎でよく見かけるだらしなく肥ったようなタイプとは大ちがいだ。

今日は、ハドソン川の右岸を走り、ジョージ・ワシントン・ブリッジで対岸のマンハッタンに渡るのだが、いよいよ最終の目的地に着くので心が浮き立つような気分になってくる。

サイクリストたちを横目に見ながら走り始めると、大型のバッグを載せた自転車のそばに男性が立っているのが目に入る。さっそく、話しかけてみる。

一緒に走ってくれたリベラ

「一週間ほど自転車の旅をして、これからニューヨークのクイーンズの自宅に帰るところなんだよ」

小柄だが、がっしりした体格の男性だ。

「これからマンハッタンのユースまで行くので、一緒に走ろうよ」この男性と一緒に走れば道に迷う心配もないので、これ幸いと誘ってみる。

「じゃあ、一緒に行こう」と返事が戻ってくる。大都会ニューヨークのど真ん中に向かうので、ずっと不安でしかたがなかったのだが、突然の願ってもない幸運が舞い降りてきたので小躍りしたくなるような気分。

「名前はリベラ。六十二歳だけどまだ働いてるんだよ」と男性が自己紹介してくる。なかなか気さくな感じの男性だ。旅の話などをしながら、ピエモント・アベニューから9W号線を南に進み、いったんニューヨーク州からニュージャージー州に入る。

時折人家が見えるが、周りには林がつづき、木立の間から鈍い虫の鳴き声が辺りに広がっている。先日あたりから、林の間にセミの鳴き声らしいものを耳にしていたので、リベラに尋ねてみる。

「あの虫はなんというの?」

「えーと」としばらく考えた後に、やっと思い出したという風にセミという言葉がその口から出てくる。欧米では、昆虫に興味のある人は少数派だが、リベラもセミなどには無関心といった感じだ。

セミの鳴き声があまりにも地味すぎて、こちらではまったく存在感がないらしい。

今日も疲労困憊になるのを覚悟していたのだが、起伏が少ないので楽な走りとなる。

順調に走りつづけて、ジョージ・ワシントン・ブリッジに近づいてきた辺りでカフェに立ち寄り、アイスコーヒーを飲みながらしばらく雑談する。

「マンハッタンの会社でコンピュータのエンジニアをやっていて、クイーンズの自宅には母親と姉と一緒に暮らしているんだ。テント持参の自転車の小旅行にはたびたび出かけているよ」やはり神経を使う仕事なので、自転車の旅がいい気分転換になっているらしい。

ニューヨークには、高層ビルの密集する、コンクリート・ジャングルのイメージしかなかったのだが、中心部から少し離れた辺りは意外なことに林が広がって緑が豊かだ。ニューヨークはサイクリングに絶好の場所が多いので、こちらの人たちには緑の中を自転車で走り回るのが最高の愉しみになっているらしい。

休憩が終わって、しばらく進んでいるうちにジョージ・ワシントン・ブリッジが姿を現し始める。近づくにつれて、全長が一、四〇〇メートルを超える巨大な鉄の塊が発する無言の力に圧倒される。建設されて九〇年も経っている橋だが、それほど古さは感じない。一四車線が上下二層に分れて通っている世界でもっとも交通量の激しい橋だ。対岸のマンハッタンを眺めると緑に囲まれた高層ビルの林立する姿がいよいよニューヨークの中心に近づいてきたという気分にさせてくれる。

眼前にそびえ立つ橋の主塔とそこから延びるケーブルを見上げるようにしながら大勢のサイクリストに混じって、橋の上層部にある側道を進み始める。ハドソン川を時折横目で見ながら進みつづけて対岸に到着。最終の目的地マンハッタンに着いたので、長かった旅もいよいよ終わりに近づいてきたという思いに喜びが体中に溢れる。嬉しさを抑えるようにしながら、リベラの後ろを走り、フォート・ワシントン・アベニューに向かう。

アベニューをしばらく南に進み、一七五丁目の地下鉄の駅の前に着く。地下に下りるエレベーターの入り口の前でクイーンズに帰るリベラと握手をして、お別れ。

今日は道に迷うのを覚悟していたのだが、リベラが一緒に走ってくれたおかげで、疲れもほとんど感じない快適な走りになった。リベラには感謝するしかない。

次はいよいよユースに向かう。安全を考えて、ハドソン川沿いの遊歩道を走るつもりでいたのだが、地下鉄の駅の前からそのまま南に進むことにする。

車が多いのを心配していたのだが、今日は土曜日ということもあってか、車が少ないのでホッとする。ブロードウェイをしばらく走った後、平行して走っているアムステルダム・アベニューに移動する。

マンハッタンはスーツをきちんと着こなしたビジネスマンが溢れているイメージがあったのだが、安物を売る店が並んでいて、短パンにTシャツ姿の黒人やヒスパニック系が目立つ。マンハッタンも北の方は庶民の住む地区になっているらしく、都会的とか洗練されているといった感じからはほど遠い。

ニューヨークを訪れるのは今回で二回目なのだが、三〇年ほど前に、空港から巨大なポートオーソリティー・バス・ターミナルに着き、タイムズスクエアの辺りを人混みにもまれながら歩いた時の強烈な印象はいまだに鮮やかだ。

当時のニューヨークは治安状態が悪く、清潔とはほど遠い、雑然とした街並みには黒人が溢れていた。辺りのすさんだ雰囲気に圧倒されてしまい、まるでインドの町中にでも迷い込んだような気分になって、体中が拒絶反応を起こして吐き気を感じるほどだった。滞在中にはマンハッタンを朝早くから歩き回ったのだが、冷たくて醜悪なコンクリート・ジャングルという印象は最後まで変わることはなかった。

久しぶりに眺めるニューヨークは、これまで旅してきたヨーロッパの町の清潔で整然とした様子に感心しながらも物足りなさを感じてきたこともあって、混沌、雑然とした雰囲気がいかにも人間のありのままの姿を見せてくれているような感じがして、新鮮に映る。いったいニューヨークのなにが変わったのか、ひょっとしたら自分の中のなにかが変化したせいなのかもしれない。

蒸し暑い日差しの中を汗を流しながら進む。最初は車道を走っていたのだが、起伏が大きい上に車が多くなってきたので、歩道に移って自転車を押しながら歩き始める。コロンビア大学の前をさらに南に進み、午後二時過ぎ、赤茶色をした煉瓦造りの四階建てのユースの建物が目に入ってくる。

「やった!　とうとう着いたぞ!」玄関の辺りに自転車を止めて、自転車のスピードメーターを確かめると今日の走行距離四〇キロ、サンタモニカからの走行距離は累計で五、四五三キロとなった。不安にさいなまされながらもなんとかアメリカ横断を達成できたので、喜びが体に溢れてくる。入り口から中に入ると狭いロビーになる。チェックインまで時間があるので、ロビーのソファーに疲れた体を休ませながら待つことにする。

午後四時、ようやくチェックイン。

二段ベッドのある相部屋に入るとまずはロッカーに荷物を入れて、ベッドに疲れた体を横たえる。向いのベッドには三十歳くらいの青年がいたので、さっそく挨拶をかわすとボリスというロシア人だ。人懐っこそうで、話が合いそうな男だ。

夜になって、近くを散策して、タイ料理店があったので中に入る。テーブルが四つあるだけの細長くて、狭い店だ。ビールを注文すると「隣に食料品店があるから、そこで買ってきたのを持ち込んでもいいから」と言われて、買ってきた缶ビールを飲みながら自転車の旅が終わった開放感に包まれての食事となる。

いつも不安と隣り合わせで、いつ終わるか先の見えない旅をしてきたこともあって、旅の終わりのやすらぎに包まれ、ささやかな達成感を感じながらひと時を過ごす。

ユースに戻って、ベッドに横たわるが、久しぶりにビールを飲んだこともあって、そのまま爆睡。

7月21日（日）
ニューヨーク滞在二日目。
朝、長かった旅の緊張から開放されて、安らかな気分にひたりながらユースの辺りを散策する。ユースはアムステルダム・アベニューの一〇三丁目と一〇四丁目の間に面する一三〇年ほど前に建てられたヴィクトリア朝風の煉瓦造りの建物だ。そばの鉄柵に囲まれた公園では黒人の子供たちが遊び、その先には中低所得者向けの高層アパートが立ち並ぶ。ユースの前のアムステルダム・アベニュー沿いには、タイ料理店、中華のテイクアウト専門店、メキシコ料理店、食料品店、バイクショップ、コンビニなどの小さな店がずらりと並んでいる。配送のトラックがひっきりなしに通り、電動自転車でデリバリーをする配達員の姿。歩いているのは黒人やヒスパニック系の姿が目立つ。

ユースの近くには、西に五〇〇メートルほど離れた辺りにハドソン川沿いに長く伸びるリバーサイドパーク、東側はコロンバス・アベニューを通ってすぐの所にセントラルパーク、北に一キロほど行った辺りにコロンビア大学がある。

ユースのあるマンハッタンバレーといわれている辺りは、以前はプエルトリコ系住民が多く住んでいて、薬物が盛んに取引されたりして青少年犯罪が多発する治安の悪い地区だった所だ。再開発によって、治安はかなり良くなってきたらしいのだが、かつてはポーランド系とプエルトリコ系の不良グループの抗争を描いた映画「ウエストサイド物語」の世界をほうふつとさせるような地域だったらしい。地区住民のおよそ二割が生活保護を受給しているだけあって、いかにも貧しそうな人々が住んでいるといった雰囲気の所だ。

午後は西に1ブロック歩いた所にあるブロードウェイを散策する。アメリカは湿度が低いという思い込みがあったのだが、とにかく蒸し暑い。通りすぎる人たちは肌の色も髪型も顔立ちも体つきも皆ちがう。ひげ面、タトゥー、体全体が膨張したかのような極端な肥満、女性の胸やヒップ、太ももの巨大なこと、どこか極端にデフォルメされたような人たちばかり。これが大げさな身振り手振りで大声でしゃべりまくったりするので、とにかく皆個性的だ。

小さな通りを横断しているとタクシーが突っ込んでくる。横断中の若い女性二人組が中指を立てながら悪態をつくとつかさず運転手も怒鳴り返す。いかにもニューヨークらしい光景だ。

7月22日（月）

ニューヨーク滞在三日目。

いよいよ帰国を待つだけとなったのだが、自転車を持ち帰るか、こちらで処分するかで、頭を悩ます。旅を共にしていた自転車にはやはり愛着があるので捨てるには忍びない。そこで、バイクショップで相談してみることにして、セントラルパークの北にあるLarry's Freewheelingというバイクショップを見つけて、黒人のオーナーに相談する。そのショップで自転車を段ボール箱に梱包してくれるということなので、自転車を持ち帰ることに決める。出発の一週間ほど前に、自転車を店に持ち込み、そこで梱包してもらったものを出発当日に店で受け取り、タクシーで空港に運ぶことにする。

今日もブロードウェイを南に向かって散策する。大降りになったので、雨宿りしていると目の前を二階建ての観光バスが通りかかる。天井がないのでビニールの雨具姿になった観光客たちが大声を張り上げたりして、はしゃいでいる。土砂降りになったのが、かえって場を盛り上げているらしい。

ブロードウェイとアムステルダム・アベニューの交差する辺りのマクドナルドに入る。狭い店内は混みあっている。

「この混みようはいったいなんなんだよ」老年の男性が席がないのに不満げな様子。

「ここをいったいどこだと思ってるのよ。これこそがマクドナルドなんだよ」そばに坐っていた黒人女性が横目で見ながらつぶやく。庶民の店で庶民の気取らない姿を眺めているのがなんとも面白い。

ニューヨークは個性的な人が多いので、目にしているだけでも様々な人生に出会えるような気がしてくる。やはりニューヨークはマンウォッチングには最適の場所のようだ。

7月23日（火）

ニューヨーク滞在四日目。

朝、今日もブロードウェイを南に歩く。歩いていると黒柴の子犬を抱いたアジア系の青年の姿を見かける。

「柴犬ですか？」と話しかけると「日本の方ですか？」と尋ねられたので、しばらく立ち話。

「こちらで購入したの？」

「いや、日本から連れてきたんですよ」

触らせてもらうとそのあまりの可愛らしさにうっとりする。

「柴犬はこちらではあまり見ないけど」

「いや、結構見かけますよ」ニューヨークでも結構人気があるらしい。

南に歩きつづけ、ミッドタウン五三丁目のニューヨーク近代美術館まで行ってみるが、内部改装のために残念ながら長期休館中だ。セントラルパークに向かって五番街を歩いていると、道路上で大声でなにか叫んでいる男が目に入る。歩行者たちが笑いながらそれを眺めていて、中にはその姿の写真を撮る人たちもいる。何事が起きたのかと思いながら、目の前のビルを見上げてみると金色に塗られた巨大なトランプタワーがそびえている。叫んでいた男はトランプのことを茶化して笑いを取っていたらしい。嫌われていてもトランプはやはり注目の人であることは間違いないようだ。

セントラルパークに着いて動物園を見学。小さな動物園だが、冷蔵庫の中を思わせるような薄暗い低温の部屋に入るとペンギンたちが並んでいる。セントルイス動物園でも一番印象に残ったのがペンギンだったが、短い足でよちよち歩いている様子を眺めていると、野性の動物にこれほどの無邪気さを残しているのは奇跡としかいいようがない。特殊な気象条件があったので、かろうじて生き残れたのだろうが、このあどけなさはこの世のものとは思えない。

スノーモンキーという名がつけられた、日本の北限のサルもいる。日本を遠く離れた異国の大都会の片隅にひっそりと生きている姿が、どこか寂しげだ。

ユースに戻ると向い側のベッドのボリスと言葉をかわす。

「毎日、観光して回ってるの?」

「観光というよりも職探しだね。海外へ移住したいと思ってるんだよ」とぽつりと答える。

「なんで、国を出る気になってるの?」

「石油採掘のエンジニアなんだけど、ロシアにはもううんざりして、とにかく海外へ移住したいんだよ」

「ロシアでは皆そう思ってるのかな?」

「自分の周りはチャンスがあったら国外に移住したいと考えてる連中ばかりだよ」

「アメリカに来て、どういう印象を持ったの?」

「人種、民族が共存している姿にはショックを受けたね。とにかく、ロシアはマフィアに支配された腐敗しきった社会なんだよ。もう政治にはなんの希望も持てないしね。ロシア中部の都市に住んでるんだけど、気候が厳しくて、零下40度とか50度の日が半年もつづくんだよ」気候だけでなく、政治も社会もなにもかもに嫌気をさしているという印象だ。

7月24日（水）

ニューヨーク滞在五日目。

昨日は曇りで気温が下がったが、今日は一転して暑くなる。旅の疲れが残っていてなにをする気にもなれないので、散歩して過ごす。

歩くのはブロードウェイの辺りだ。南に向かったり、北に行ったり、時には横道にそれたりしながらゆっくり歩く。

ブロードウェイも南に行くほど住民には裕福な階層が多くなるらしくて、犬を散歩させている人が目立ち始め、柴犬を見かけたりする。

ブロードウェイの通り沿いには、露店が並んでいる。古本、衣類が多い。北のコロンビア大学を通り過ぎてハーレムに入った辺りから、露店の商品が大きく変わり始める。中古の衣類や靴、日用品などの雑多な類のほとんどゴミとしか思えない代物だ。貧困層が圧倒的に多いらしく、この辺りから犬を連れた人も見かけなくなる。

毎日、何度となく近くのマクドナルドに行っては冷たいものを口にしながら、しばらく過ごし、店を出ると食料品店でカットフルーツなどを買って、ユースに戻るというルーティンを繰り返す。

7月25日（木）

ニューヨーク滞在六日目。

外出から戻ってきたボリスが開口一番「今日は外で自由というものをたっぷりと満喫してきたよ」と言って笑わせる。

「君がいくらロシアという国に不満があったとしても、プーチンはロシアの国民から支持されてるんじゃないのかね？」

「まあ、そうだね。あいつらは皆ゾンビみたいな連中だからね」ロシアという国だけではなく、いまの体制を支持している人々にもつくづく愛想がつきたといった表情になる。

ランチはいつもそばのタイ料理店に行く。まず隣の食料品店でビールを買って、紙袋に入れてもらい、それを持って店に入る。ニューヨークに来てから、食事はいつも朝がマクドナルド、昼はこのタイ料理店、夜は中華料理になってしまった。

ニューヨークは、アメリカでは例外的にレストランのレベルが高い所だ。本当は食べ歩きがしたいのだが、食べ慣れない料理に手が出ない上に歩いて店を探し回るのが嫌だったり、チップを払ったりするのが面倒だったり、知らない店で周りに気を使って食べたりするのが大の苦手ということもあって、どうしても通いなれた近くの店になってしまう。

しかし、旅の間はずっとうんざりさせられてきた食事もニューヨークとなるとやはり他とは比べものにならないほど質が高いことは間違いない。

7月26日（金）

ニューヨーク滞在七日目。

「君は職探ししてると言ってたけど、どんな仕事を探してるの？」とボリスに訊く。

「とりあえず皿洗いでもいいと思ってるんだよ」とにかく、ロシアから一日でも早く逃げ出したいらしく、手っ取り早くやれそうな仕事だったらなんでもいいといった様子。

「大学で六年も勉強して、ロシアでは年収も高い方だけど、生活するだけで精一杯で後にはなにも残らないいんだよ」

「ロシアは将来どうなっていくのかな？」

「もう崩壊するしかないね。少子化がひどい状態でね。政治はプーチンの取り巻き連中に私物化されてしまって、その連中だけが利益を独占してるんだよ。それにロシアでは、どこの組織にもプーチンみたいな独裁者がいて、そいつらが組織を牛耳って甘い汁を吸ってるんだよ。その組織の体質を内部告発でもしようものなら、そこから追い出されてしまうんだ。とにかく、腐敗しきっている社会なんだよ」

「国外移住って、希望すればだれでもできるものなの？」

「それほど簡単じゃないよ。でも、とにかくもう自分には耐えられないんだ」

ロシアは賄賂が当たり前の社会らしいので、金さえ払えば国外移住もなんとかなるらしい。

「ロシアって、どんな国なんだろうね？」

「ロシアは、いわば粉飾された国家だね。ロシアのメディアは、ロシアがいかに素晴らしい国かということしか報道しようとしないし、一方外国については悪いことしか報道しない。皆が自画自讃しかしてない国だね」

公表されるデータが捏造されまくっていたソ連時代の悪しき体質は、いまも色濃く残っているらしい。

「スターリン時代のことだけど、祖父がスターリンのことを茶化した内容の歌を歌って、刑務所送りになってしまったんだよ」と苦笑する表情には、社会全体に閉塞感が漂っていて、将来への希望が持てない国ということをありありと物語っているようだ。

「ロシアでは薬物が蔓延してると聞いたことがあるけど」

「薬物の取り締まりは結構厳しいよ。マリファナだって、取り締まられているしね。でも、ウオッカは飲むね。周りにいるムスリムの友人たちだって豚肉は食べないけど酒だけは皆しっかり飲んでるね」

気候が厳しい上に政治的な自由に乏しく、個人がまともに尊重もされない、八方ふさがりのような社会で、まともな娯楽もないらしい。鬱積した気分を酒で発散するしかないような社会は想像するだけでも息が詰まりそうになってくる。

7月27日（土）

ニューヨーク滞在八日目。

昼、自転車でダウンタウンに行ってみる。とくに買いたいものがあるわけではないのだが、前から興味のあった古書店のストランドに行ってみたくなったのだ。マンハッタンは一方通行になっている道路が多いので、コロンバス・アベニューから九番街を南へ向かう。ゴミゴミしてきて、古ぼけたような店舗が多くなり、すさんだような雰囲気になってくる。道路も傷んでいて、車が多いので冷や冷やしながら進む。中華の麺の店があったので、まずはそこで腹ごしらえ。16ドルもする麺だが、とくに旨いとも思えない。

そこを出るとユニオンスクエア・パークの辺りでストランドを探し回って、やっと見つける。ストランドに入ると店内は狭くて人で混みあっていて、書棚の間の狭い通路を人をかき分けながら歩くだけで、うんざりしてしまう。落ち着いて本を探す気にもなれなくなって、ほうほうの体で店を出る。やはり人混みの中は疲れる。

一方通行の八番街を北に向かって走るが、マンハッタンの中心部だけあって、すさまじい喧噪に包まれた通りは、やたらに混んでいて、自転車ではまともに進めそうもない。せっかくの八番街だったので靴でも買おうかと考えていたのだが、なによりも人混みや繁華街が苦手なので、ここでも早々と退散する。

セントラルパーク辺りまで走り、アムステルダム・アベニューを通って、ユースに逃げ帰る。

7月28日（日）

ニューヨーク滞在九日目。

ブロードウェイを北に向かって。一六五丁目まで歩いてみる。北に向かって歩くと小さな店が立ち並び、雑然としていて下町の雰囲気になってくる。ブロードウェイから東に曲がるとハーレム地区になり、黒人が多くなる。通りは広いが、ゴミが散乱していて、少し警戒したくなるような雰囲気だ。

7月29日（月）
ニューヨーク滞在一〇日目。
ブロードウェイ沿いのいつも通っているマクドナルドの近くの Absolute Bagels という小さなカフェに行ってみる。毎朝、かなりの長さの行列ができていたので気になっていた店だ。ベーグルが売り物の店なので、並んでベーグルとアイスコーヒーを買って、狭い店内の片隅で食べる。選び方が良くなかったのかもしれないが、行列に並ぶほどの味とも思えない。11ドル
ユースの辺りには黒人が多く住む低所得者向けの高層アパートが並んでいる。その入り口を通りかかった時、中から出てきた黒人青年と目が合うと青年は両掌を前に出し、すり足でにじり寄る横綱の土俵入りの真似をして笑わせる。

7月30日（火）
ニューヨーク滞在一一日目
今日も北に向かって歩き、一二五丁目を東に曲がり、ハーレムを散策。店が並んでにぎやかな所だ。

ヒスパニック系や白人も見かけるが、やはり黒人が圧倒的に多い。黒人のミュージシャンを育ててきたので有名なアポロ・シアターの前を通り、マルコムXブールバードを通り過ぎた辺りのマクドナルドで休憩。警官二名が店内を巡回している。この辺りはかつては治安の悪さで有名だった黒人居住地域なので、再開発されてかなり安全になってきているといっても、歩いている時は緊張する。

一回りして、レキシントン・アベニューを南に向かって歩き、セントラルパークを通って、ユースに向かうが、その途中はインド・パキスタン系の店が並んでいる。ニューヨークも人種や民族によって住む地区が異なっているらしい。やはり人は同じ民族とともに自分たちをはぐくんだ文化を共有しながら生きるのが自然の習性のように感じる。今日は緊張しながら歩いたので、ユースにたどり着いた時には疲れが出た。

7月31日（水）

ニューヨーク滞在一二日目。

アメリカを旅してきて、いつも感じてきたのは、世界中から移民としてやってきた人たちの寄せ集めみたいな社会で、よくこれでうまく動いてるものだということだ。

他の国だったら、人は意識しないでも生活の細部まで溶け込んでいるその国の歴史や伝統や文化などを自然に身につけていき、周りの人々との考え方も感性も共通するものを持つようになる。

ところが、アメリカは人種も民族も宗教も異質なものが並存して、モザイク状に住み分けがなされた国ということもあって、融和とはほど遠いのが現状だ。

しかも、世界中からたえず移民が流入しつづけて、常に変化している流動体のようなものだ。だから、相互に信頼関係や連帯感を築いたりすることが容易でない、露骨なエゴイズムがまかり通る弱肉強食そのものの社会といってもいい。とにかく、周りには出身母体の異なる、見ず知らずの人間ばかりということもあって、人の関係もドライで表面的なものにならざるを得ない。

たとえ、アメリカの文化を身につけていても、それが人種民族の対立感情を解消し、アメリカ人としてのアイデンティティーをもたらすほどの求心力があるとも思えない。人種、民族を超えた所にあるのがアメリカ文化だからだ。そういう背景もあって、アメリカという国は、人種民族の対立を表面化させないように、絶えず求心力を高めていかなければならないという宿命を負わされている。公式の場で忠誠の誓いを暗唱することが求められたりすることもそうだが、プロスポーツ選手や芸能人などのセレブリティーたちが、国民の連帯感と社会への信頼感の醸成を絶えず口にするのは、アメリカは、それを呼びかけなければ自壊してしまうという深刻な脆弱性をかかえている国であること、そしてかれらがアメリカ社会のチアリーダーとしての役割を担わされていることを自覚しているからだ。

アメリカの社会は、理念が先行して建国されたという経緯もあって、根無し草の虚無感みたいなものが漂っているような感じがするのは、こういった特異な国の成り立ちから生じてくるのかもしれない。

第十八章　ニューヨークの光と影

8月1日（木）

ニューヨーク滞在一三日目。

今日は気温が低く、寒さを感じるほどになる。

昼前、バイクショップに自転車を預けに行く。出発日の十一日に受け取ることにして、代金は55ドル。

夜、ユースのはす向かいにある中華屋に行く。テイクアウトが主の店で、辺りが黒人の多く住む地区になっていて、中華料理は黒人にも人気があるらしくて、狭い店内には黒人の客が並んでいる。カウンターの前で料理ができるのを待っていると、隅のテーブル席で料理を食べ始めた黒人の若い女性が、少し食べたところで「これは注文したやつじゃないよ！」と中国人の女性店員に食ってかかり始める。

やがて女性は食べかけの料理を突き返し、払った金を取り戻してさっさと店を出て行ってしまう。

中年の女性店員は、いかにも中国人らしく、生命力のみなぎった、気の強そうなタイプだ。

本来なら「自分の食ったもんぐらい金を払っていけよ！」とでも怒鳴り返しそうなものだが、黒人女性の剣幕にたじたじとなって、ひるむ様子がなんとも意外な感じがする。

旅の間は、モーテルを経営しているインド人たちの逞しさに感心しながらも、よく利用していた中華屋の中国人のなり振り構わない、貪欲ともいえる生活力に圧倒されていたこともあって、中国人にかなう人たちなどありえないと思い込んでいた。しかし、この黒人のまるで辺りを蹴散らすような、粗暴としかいえない振る舞いに上には上がいるものだと呆気にとられる。

数日前も同じ店で、料理ができるのを待っていた一人の黒人女性が突然獣じみた大声を張り上げて、周りを一瞬ドン引きさせる光景を目の当たりにしたばかりだった。それを見て思い出したのは、初めてニューヨークを訪れた時のことだった。早朝、マンハッタンの街角を歩いていると黒人たちが、体をかがみ気味にして思いっきり力をためた後に体中からほとばしり出るような叫び声を上げる姿だ。こういう光景を眺めていると黒人は時として身体の内部から湧き上がる動物的なエネルギーを抑えきれなくなる人たちのように感じられた。

中国人店員のまるで腫れ物にでも触るかのような表情を見ていて、まず頭に浮かんだのはロサンゼルス暴動のことだ。

黒人の多い地区で商売をするのは、毎日人種問題と向き合っているようなものだ。だから、黒人とトラブルでも起こせば、やっかいなことになってしまうぐらいのことはこの女性店員もよくわかっていたにちがいない。

セントルイスで黒人女に自転車のキーをひったくられた時、強引に取り戻そうとしなかったのは、相手に騒がれて黒人たちに取り囲まれでもしたら、それこそとんでもないことになってしまうというおそれが心の底にあったからだ。

アメリカは、人種や民族の間の反目と対立を抑え込むことでなんとか成り立ってきた国だが、人種差別撤廃の動きが大きなうねりとなってきたのはそれほど昔のことではない。

かつて、アメリカ映画には西部劇という人気のジャンルがあった。これらの映画は、白人が先住民族から土地を奪い取ったという事実を覆い隠して、もっぱら白人を正義の存在、インディアンを悪として描いて、人種差別の最たるものだったのだが、このような映画が堂々とまかり通っていたことだけでもアメリカでは人種差別の問題が十分に自覚されていなかったということを示している。

しかし、時代は変わり、ポリティカル・コレクトネスを重視する動きが高まり、差別されていた側からの反発が顕在化し始める。

ポリティカル・コレクトネスという言葉がまだ日本ではあまり知られていなかった二〇年以上も前のことだが、アメリカの政府高官が公式のスピーチで身体障碍者を表すのにcrippledという言葉を使って物議をかもす事件があった。

当時のアメリカでは身体障碍者の表現にはhandicappedとかdisabledという語を用いるのが一般的とされていて、この高官は差別的とされている言葉を使ったために辞任に追い込まれたのだ。当時、高官を辞任に追い込んだアメリカ世論の厳しさに驚かされたこともあって、印象に残った事件だった。

ところが、その後のアメリカでは、ポリティカル・コレクトネスの動きはさらに強まり、現在は日本人の感覚ではとまどいを感じるほどの状況になっている。

たとえば身体障碍者を表す言葉は現在では crippled どころか handicapped とか disabled さえも差別的として使用が控えられるようになってきている。そして、いまでは困難から試されているといったニュアンスの challenged、時には differently abled、異なった有能さを持ったという、なんだかわけのわからない奇妙な言葉さえ登場してきている。

しかし、言葉狩りもここまでくると、いささかヒステリックな様相を帯び始めていて、一種の魔女狩り的な状況になっているとしか思えない。

ポリティカル・コレクトネスの動きが加速するにともなって、一方ではそれを巧妙に取り繕うようなトークニズム（tokenism）という現象も目立ってきた。これは企業などが、差別をしてないことを対外的にアピールするために、あらかじめ黒人などを目立つポストに据えたりすることだ。人種差別の批判をかわすための予防線みたいなもので、トークニズムは多くの分野に広がっている。たとえば、オバマが大統領に選出されたのは黒人だったからという見方をする人は少なくない。つまり、トークニズムはついに大統領さえも決めてしまったのだ。

トークニズムはもちろん映画の世界にも存在する。

アメリカ映画では黒人の脇役がよく出てくる。たいてい、ちょっといい人の役だ。わざとらしくて鼻につくその役柄が、不自然に浮き上がりすぎて、映画を台無しにしていると感じることなどもはや当り前の光景になっている。トークン・ブラック・ガイと言われているものだ。

しかし、このトークニズムの弊害が目立つようになっても人種差別反対の動きは依然として強力そのものだ。

数年前のことだが、アカデミー賞に白人しかノミネートされていないことに端を発して、「白いオスカー」という言葉を使って、黒人俳優が受賞対象から排除されていることへの批判が沸き起こった。このことは、そもそもトークン・ブラック・ガイが受賞に値するものなのか、トークン・ブラック・ガイによっていかに映画がスポイルされているかの議論さえもまともにできないような状況になっていることを意味している。

しかし、映画制作におけるポリティカル・コレクトネスの問題は、ただ煩わしいだけのトークン・ブラック・ガイが生み出されたことだけではなく、ストーリーや描写など映画の制作全体がポリティカル・コレクトネスの大きな制約を受けるようになったことだ。とにかく、映画がプロパガンダの色合いを帯び始めれば衰弱していくのは避けられない。これに加えて「白いオスカー」といった批判が起きたりしているのだから、もはやアメリカ映画には活力を失って衰退していく将来しか残されていないといっても過言ではない。

人種差別の最大の問題は、いくら差別解消の対策を徹底しても人種民族の間の歴然たる能力差は解消できないことだ。そう考えると能力差から目をそらして、人は同質的で、等価値でなければならないとか、マイノリティーであることだけで入学試験や雇用面で優遇されるというのでは、人々の間にフラストレーションがたまっていくのは当然のことだ。

アメリカの現在は、ポリティカル・コレクトネスの考え方に賛同しなければ自分がレイシストにされたり、弱者に立つ側がそれを使って恫喝するかのような風潮が出てきて社会全体が糾弾集会と化してしまったとしか思えない。ところが、この行きすぎを是正しようにも、先住民の土地を力で奪い取り、黒人を奴隷として連れてきたりした過去への贖罪意識もあって、皆金縛りに陥っているのが現状といっていい。

このような状況になってしまったのは、たとえばヨーロッパのEU化への邁進やアメリカでのかつての禁酒法の導入に見られるように、一神教世界の持つ、ドグマティックで硬直的思考に陥りやすい傾向、合理主義的な反面集団妄想に陥りやすいカルト親和的な体質といった欧米人に共通したメンタリティーが、いつの間にか健全な現実感覚を見失わせてしまったからではないかという感じがする。

8月2日（金）

ニューヨーク滞在一四日目。

気温は低めで少し寒さを感じる。朝、行きつけになっているユースの近くのマクドナルドに入る。ユースの辺りが貧しい人々の住む地区になっていることもあって、客は黒人やヒスパニック系の庶民たちが多い。

マクドナルドはもともと庶民層の店ということもあって、この店も様々な運命に耐えながらなんとか生きてきたといった感じの人が目立つようだ。

いつものテーブルにつくとそばの席に毎朝見かける盲人用の杖を持った白人の中年カップルの姿。赤毛の女性が、いつものように男性を前に虚空を見るような眼差しになって、泣き出しそうな声で「自分のこれからの生活がいったいどうなってしまうのか、不安でしかたがないのよ」とでも訴えかけているかのようだ。「そんなことまで心配してどうするんだ、大丈夫だよ」と男性はこれまたいつものように女性を叱りつけるようにしながら、なだめている様子。

やはり盲人用の杖を持った黒人男性も常連のひとりだ。ほとんど視力がないらしく、いつも店員に支えられながら指定席みたいになっている端の席に坐る。サングラスをかけた三十代前半のハンサムな黒人だ。

店の近くでキーボード楽器を演奏して金をもらっている、いつも疲れ切ったような初老の白人男性もおなじみのひとりだ。

しかし、これらの例外をのぞくと黒人やヒスパニック系の客たちは皆陽気に見える。

ただ、いかにも不思議に思えるのは、この貧しそうな人たちはいったいどうしてニューヨークで呑気に暮らしていけるのだろうかということだ。というのは、ニューヨークは住居費などの物価がやたらに高いので、普通のアメリカ人でさえも住むのを敬遠する人が少なくないからだ。

アメリカでまず思い浮ぶのは医療費の高さだ。とにかく、アメリカはうかつに病院にもかかれないほど医療費が高い国だ。破産の原因でいちばん多いのは治療費が払えない場合だ。それも民間の保険に入っていてもなお破産に追い込まれることがあるのだから、どう考えても尋常とは思えない。

そうだとすると皆不安にかられながら暮らしているはずだが、奇妙なことに暮らしに余裕があるとも思えない人々の表情に暗さが見られないのだ。黒人やヒスパニック系はもともと余計なことを思い煩ったりしない気質なのかもしれないが、それにしてもこののんびりとした表情がなんとも不可解に思えて、少し調べてみると疑問が解けてきた。

アメリカの富裕層は、その保有する膨大な富を考えるとそもそもいくら医療費が高くても痛くもかゆくもない人たちだ。

一方、問題の低所得者層は、フードスタンプなどの食費の補助や住居手当が支給されているばかりではなく、医療にはメディケイドという医療費補助制度が整備されていて、質はともかく一応医療には不自由しないということらしい。

つまり、医療費の高さに苦しみ、医療費が払えずに破産したりしているのは中流階級の人たちなのだ。

アメリカでは、数年前、中流階級の白人男性の平均寿命が低下している事実が指摘されて話題を集めたことがある。これは鎮痛剤のオピオイドが手軽なドラッグとして乱用されていることが原因になっているのだが、この現象は中産階級の経済的な地盤沈下によって引き起こされているとする見方が一般的だ。

つまり、貧困層が手厚い社会保障政策で最低限度の生活が保障されている一方では、自力で生活を維持しなければならない中産階級の人々は、経済的に追いつめられてその苦しみから逃れるために薬物に手を出しているということが原因らしいのだ。

トランプが選ばれたのは、ラストベルトに象徴されるようにアメリカを支えてきた従来型の工業が衰退し、経済的に苦しくなった中産階級の人々が変革を求めるようになったことがその背景にあると言われている。

しかし、問題はそれだけではない。アメリカの中核を支えている人たちが税金に苦しめられる一方では、能力が低く、働く意欲にも乏しい貧困層の人々が手厚い社会保障を受けられることで、不公平感が高まっていることにある。これではどう考えてもモラルの崩壊を招き、社会は変調を起こし始める。しかも、この背後には人種の能力的格差というデリケートな問題が隠れていることもあって、アメリカは容易には解決できそうもない、深刻な事態に陥っているとしか思えない。

そういったことを思い浮かべながら客の表情を眺めているうちに日本での体験が頭をよぎり始める。日本で、複数のアメリカ出身の黒人教師に英会話を習ったことがある。その時、教師たちが一様にニュースに関心がなく、世界の動きや社会への興味が乏しいことに強い印象を受けた。英会話では社会的なトピックをテーマにしてレッスンを進めることが多いのだが、「世の中がどう動こうがそもそも自分には無関係」とでも思っているような社会的な広がりの乏しいレッスンには到底満足することはできなかった。

その時感じたのは、その教師たちは黒人であることのコンプレックスや社会から疎外されているという意識がないまぜとなって、社会への関心を失い、社会への連帯感や責任感を見出せないいわばスポイルされた状態に陥っているのではないかということだった。

日々の生活に満足しきった様子で、会話に興じている客たちのノンシャラントとした表情の中に日本で教わった黒人教師たちに感じたものと同じものを見たような気がした。

8月3日（土）

ニューヨーク滞在一五日目。

晴れ。今日も湿度が低く、日陰では寒さを感じるほどになる。

ハドソン川のほとりまで歩く。川沿いは長い公園になっていて、辺りは緑に包まれている。ハドソン川の一キロほど先の対岸には巨大な船が接岸していて、川岸のあちこちにのんびり釣りを楽しむ人たちがいる。木立に囲まれた遊歩道にはサイクリングに興じる人たちが時折通り過ぎていく。木陰のベンチに坐って、マンハッタンの喧騒を忘れて、しばらく過ごす。

ユースの辺りのアムステルダム・アベニューの光景

ユースは、狭い部屋に二段ベッドがいくつも置かれているので快適とはいいがたい面もある。しかし、部屋は清潔だし、狭ささえ我慢すれば、宿泊者たちと気軽に話したりして過ごせる。その楽しみを知ってしまったら、普通のホテルは退屈すぎて、なんともつまらなく感じる。

しかし、ユースに滞在する場合に問題になってくるのは英語力だ。ボリスの英語は自分と同じレベルなので気兼ねなく会話できるのだが、ネイティブたちもいるので、時には気後れして会話は遠慮がちになってしまったりする。

いくら英語を勉強しても、ネイティブ並みに到達するのは不可能としか思えないので、なぜ日本人は英語が苦手なのかという日本人にとっては永遠のテーマがやはり頭にひっかかったままだ。重箱の隅をつつくような文法偏重の英語教育法のせいだとか、教師のレベルに問題があるとか、様々な意見がある。しかし、自分の語学下手を見つめているとどうもそのようなことが原因とは思えない。

どう考えても日本人の場合、言葉を発する前の思考の段階で他の国の人たちに比べて大きなちがいがあることが原因ではないかという感じがするのだ。メンタリティーや行動のパターン、文化のちがいといってもいいかもしれない。

世界には積極的に自己主張をするのが常識になっている国が、ほとんどといっていい。ところが日本語の世界は少し特殊だ。会話する時には相手の顔色をうかがいながら、場の雰囲気を読み取りながら、言葉を選ぶ。間接的にほのめかしたり、言葉を濁したり、自己韜晦、つまり自分の本音を目立たないようにして表に出さないような言い方をするのが当たり前になっている。つまり、日本語の世界ではストレートなものの言い方を避け、遠回しの婉曲な言い方をするのが常識になっているという特徴がある。

それに表現のしかたのバリエーションがとにかく多くて複雑だ。自分と相手の年齢、性別、社会的地位などのちがいによって、表現が使い分けられる。たとえば「私」を現す語が、無数にあって、それぞれのシチュエーションに応じた使い分けがされているが、「私」にかぎらず、表現のしかたもシチュエーションごとに細かく使い分けられるのだ。

語彙にしても英語の場合は、極めて多義的だ。英語では、一つの語彙には数多くの意味が含まれていて、文脈ごとにその都度意味がちがってくるが、日本語の語彙は最初から細かく定義され、個別化されている。

英語はかっちりと語順が決まっていて、表現がそもそもストレートでシンプルだ。表現がパターン化して、ワンセットで成り立っているように感じることが多い。それに日本語に比べるとシチュエーションごとの使い分けなど存在しないに等しい。

一方、日本語は柔軟そのものだ。その変化の仕方は変幻自在といってもいい。助詞の使い方ひとつでも、いじり始めると深みにはまって、それこそ蟻地獄に陥ったような思いをさせられることがある。これに敬語が加わってくるから、日本語は無数の組み合わせ方があるジグゾーパズルといってもいい。

そう考えていくと日本人の語学下手は、日本語の複雑多様すぎる世界が広がっていることがその理由のように思えてくる。つまり、言語以前の思考やメンタリティー、文化のちがいが、日本語という特異な表現形式を成り立たせているということだ。そもそも、日本語環境下で形作られた脳内回路や思考のままで英語が流暢に話せるわけがない。このことは外国人でも日本人並みに日本語をマスターしている人が多くはないことが証明しているように思える。

もともと特異なメンタリティーと複雑な文化の体系のもとで育った日本人が、言語だけ別の体系下のものを利用する場合にミスマッチの現象が伴うのは当然のこととしか思えない。

8月4日（日）

ニューヨーク滞在一六日目。

ボリスが「これからチェックアウトして、ロシアに帰るんだよ」と話しかけてくる。ボリスともいよいよお別れだ。

「ロシアに戻ったら、将来はどうするつもりなの？」

「わからないね。でも、他の国に移住して、仕事を見つけたいね」

最後の別れ際に「職探しがうまくいって、移住先の国が見つかるのを期待してるよ」と言いながら右手を差し出すとボリスの表情が一瞬明るくなる。やはり移住のことでいつも頭がいっぱいになっているらしい。

「サヨナラ！」笑顔になったボリスは、日本語で挨拶して部屋を去っていった。

8月5日（月）
ニューヨーク滞在一七日目。
アムステルダム通りを七三丁目まで南に歩いて、セントラルパークへ向かう。緑に囲まれたセントラルパークの中を歩いていると散策する人やサイクリングに興じる人に溢れ、観光客相手の人力車や馬車に騎馬警官もいて、なんとものどかな雰囲気。
北に向かって歩いて、自然史博物館に行く。恐竜の骨格の展示物には度肝を抜かれてしまう。展示されている恐竜の数の多さとその規模は圧倒的だ。

8月6日（火）
ニューヨーク滞在一八日目。
いまだに旅の疲れが残ったままだ。なにをする気にもなれず、毎日のんびりと散策したり、日本にいる四匹の猫たちのことを思い浮かべたりして過ごす。

いつものマクドナルドに行くと小さな女の子二人を連れた女性が隣のテーブルにいる。スカーフで頭を覆ったムスリム女性だ。娘たちはまだ小さいので、スカーフをしてないが、二人ともゲーム機を持っている。

妹の方が椅子を探していたので、こちらのを譲ってやるとにっこり笑みを浮かべながら「サンキュー！」とお礼を言ってくる。

世界中から人々が集まり、様々な文化が共存、融合してコスモポリタン的な世界になっているニューヨークで、ムスリムの価値観を守りながら生きていくことはそれほど容易なこととは思えない。しかし、ニューヨークは、かたくなに自分の文化に固執したり、因習にとらわれたりするのを中和してくれるような雰囲気に満ちているので、伝統文化の過激さを和らげてくれることは間違いないようだ。

8月7日（水）
ニューヨーク滞在一九日目。
いつものタイ料理店で昼食。オーナーと会話する。毎日通っているうちにタイ人の同年配のオーナーと顔なじみになって、話しをかわしたりするようになったのだ。
「四〇年くらい前にバンコクからニューヨークに移住して、この店を始めたんだけどね。ニューヨークはね、なんでも金、金の世界なんだよ。とにかく、人と人の関係は金でつながっているだけだよ」とうんざりした表情で、こぼし始める。人のつながりが希薄で、ビジネスライクな関係しか成り立たない生活につくづく嫌気がさしているらしい。ウィンズローで泊まったインド人のモーテル経営者も周囲に溶け込めない、もどかしさを漏らしていたが、ここのオーナーもやはり周囲との関係に違和感めいたものを覚えているらしい。

「これからもこの商売をやっていくつもりなの？」

「いや、リタイアしたら国に帰るよ。娘はこちらの生まれで英語しかしゃべれないから、残るけどね」いつも店を手伝っている看護師の娘は帰る気はないらしい。

アメリカは、世界中からアメリカン・ドリームを実現しようとする人々が次々と流入してくる。母国の伝統的な社会の持つ因習や束縛から解放されて、自由の溢れる国で他の国ではありえないようなサクセス・ストーリーを目指す人々だ。若い人々は、自分の人生は永遠につづくかのような錯覚があるし、世俗的な成功への夢に溢れている。

物質的な満足こそが幸福そのものと考える若くてエネルギッシュな人々にとっては、広大な国土に膨大な資源の溢れるこの国はまさに夢の国といってもいい。アメリカの徹底した合理主義や弱肉強食の世界に飛び込むことなどは、かえってかれらのチャレンジ精神を沸き立たせてくれる刺激剤程度のものにすぎないかもしれない。

アイルランドを旅していた時に、日本人の青年に出会ったことがある。世界を旅しながら移住する国を探している男性だった。

「なぜ、日本に住むのが嫌なの？」

「日本があまり好きじゃないんでね」という答えが、いかにもあっけらかんとしていて、日本への愛着などはないと言い切る態度には国を捨てることへの感慨めいた特別な思いがあるようには見えなかった。

しかし、移住することによって得られるものがあるとしても失うものもあるはずだ。日本に生まれ育っている以上、彼の内面は日本的なもので支えられているはずだし、国を捨てるということはその自己の一部をも捨て去ることになる。そのことを考えると青年の勇気には感心しながらも、自己を喪失してしまうことへのおそれを感じないのだろうかと少し懸念を感じたのを覚えている。

ボリスのように母国に絶望しか見出しえないということになれば、国外移住するしかないのかもしれない。しかし、その彼にしても異質な国で新たな出発をするのはそれほど容易なこととは思えない。このオーナーのように、熾烈な競争の中をなんとか頑張って店を軌道に乗せたとしても結局帰国することになってしまうということは、異文化の中で生きることはそれだけ難しいということを示しているからだ。

人は歳を重ねるにつれて、物質的な豊かさが必ずしも幸福にはつながらないこと、そして生まれ育った地で人生を振り返りながら、自分を生んでくれた大地に帰っていくという帰巣本能めいたものが自分の中にあることをいずれ気づくような感じがする。

8月8日（木）

ニューヨーク滞在二〇日目。

昨日は雨で、気温も低かったが、今日はようやく暑さが戻ってきた。

映画「ウェストサイド物語」の撮影場所を訪れてみたくなって、調べてみると二か所ほどが近くにあるので、その一つの六八丁目に行ってみることにする。ブロードウェイを南に向かって歩き、ブロードウェイがカーブしながらアムステルダム・アベニューとウェストエンド・アベニューと交差する辺りだ。探し回ってみるが、それらしき辺りには三〇数階もある高層アパートが整然と並んでいるばかり。都会的で高級な感じの住宅街に大変貌をとげていて、映画の面影は微塵もない。思い出の場所が消え去ってしまって、なんだか肩透かしをくったような気分になってしまう。

その後、コスモポリタン美術館に行く。ゴッホ、セザンヌ、ゴーギャンなどの有名な絵画がさり気なく展示されているのに少し驚かされる。

もっとも、もともと美術音痴のせいもあって、これらの名画を鑑賞できるほどの素養があるわけでもない。「ああ、これがあの絵なのか」と冷静に眺めているだけになってしまう。

エドワード・ホッパーの絵に興味があったのだが、あいにく作品が所蔵されているMOMAが長期休館中で、鑑賞できないのが残念だ。

8月9日（金）

ニューヨーク滞在二一日目。

アメリカのことを考えているといつも心に浮かんでくるものに学生時代に見た映画「泳ぐひと」がある。

ニューヨーク州の高級住宅地を舞台にして、羽振りのいい時代のあった男がかつて住んでいた辺りの金持ち仲間のプールを回るのだが、男の零落を知っている知り合いたちに冷たくあしらわれるというアメリカ社会の残酷な一断面を描いた作品だった。

物質的な豊かさにおぼれ、虚飾にまみれた生活を送る富裕層の姿がいかにもリアルに描写されていて、観終わった時のやりきれなさがいつまでも後を引いてしまうような作品だった。

そもそも世の中は金儲けや出世だけがすべてという考えが支配的というわけではない。人の社会には長い伝統の中で個人のエゴイズムを抑える仕組みが生み出されてくる。同じ民族の社会では、人と人とが互いに助け合ったり、地域社会との融和を図ったり、祖先を崇拝したり、倫理観をはぐくむような考え方が伝承されながら社会をマイルドにしていく要素が蓄積されていく。

しかし、横のつながりのない、異質な者たちによって成り立つ社会ではこれは通用しない。いかにして相手を出し抜いて、生き残るかが最大目標になり、むきだしのエゴイズムのぶつかり合う場所になってしまう。

アメリカは歴史が新しく、人種も民族もちがう新参者ばかりの社会だけあって、金銭的、物質的なものを獲得しようとする価値観が社会全体を支配している国といってもいい。努力すれば現世的幸福が得られるというアメリカン・ドリームとはまさにそういったものだ。

長い歴史から積み重ねられてくる社会の緩衝装置が欠如し、人と人を結ぶ靭帯が弱いこともあって、個々のエゴイズムが露骨に表現され、人を出し抜いて金儲けに邁進し、いかに物質的に豊かな生活をするかに特化した国、それがアメリカだ。

タイ料理店の主人が「ニューヨークはね、なんでも金、金の世界なんだよ。とにかく、人と人の関係は金でつながっているだけだよ」とうんざりした表情で語っていた言葉を思い浮かべてしまう。

8月10日（土）

ニューヨーク滞在二二日目。

いよいよ、帰国の日が近づいた。明後日の午前零時過ぎの便なので、空港に向かうのは明日午後となる。事実上、今日がニューヨーク最後の日となった。

昼、バイクショップに出向いて、明日の午後自転車を受け取ることを伝えて、そのまま東のイースト一一〇丁目に向かって歩く。「ウエストサイド物語」が撮影された小学校グラウンドを見るためだ。マルコムXなどの名前のついた道路がいかにも黒人居住地区らしい。ゴミが散らばったりして、うら寂しい感じの通りを進むと金網に囲まれた広いグラウンドの前にたどり着く。ここはわりに撮影当時の姿が残っている所らしいが、グラウンドには人影がないので、ただ索漠とした印象がするだけ。帰りはセントラルパークに立ち寄りベンチで休憩してユースに戻る。

8月11日（日）

ニューヨーク滞在二三日目。

朝早く目が覚める。いよいよ帰国だ。出発は深夜の午前〇時五〇分の便なので、午後バイクショップで自転車を受け取った後、タクシーで空港に向かい、空港のロビーでしばらく出発を待つことになる。

いまだに気怠さの残る体をベッドに横たえたまま、ぼんやりと旅の軌跡をたどり始める。
猛暑と強い風に苦しみながら、山肌を縫うように走るハイウェイを歩いて進んだビクタービルへの道、
灼熱の大地を走りつづけ、灌木に身を潜めるようにして体を休めたモハーヴェ砂漠、
強い風に悩まされながら歩いたオートマンへ向かう長い坂道、
暗闇の中を走りつづけたキングマンへの道、
車の轟音を耳にしながら寒さに眠れないままに、灌木の茂みのそばで過ごしたセリグマンの一夜、
サンタ・ローザの先で出会った、道路脇で動けなくなって静かに死を受け入れようとしていた鹿の優しい瞳、
ジョプリンの先の道路で、出血して、かすかに体を痙攣させながらじっと死を待っていた小さな野ウサギ、
チンピラにからまれ、黒人女につきまとわれた恐怖のセントルイス、
クリアフィールドに向かう途中で眺めた曇り空が山の緑を包む深い霧と溶け合い、森が暮れなずんでいく神秘的な光景、
繰り返し現れる坂道に苦しみつづけたヘイズルトンへの道、
身体で覚えているそれらの旅の記憶が頭の中で明滅しながら鮮やかに蘇ってくる。
暑さや寒さ、強い風と闘い、次々と現れる上り坂に苦しみながら、いつ終わるか、あてどのない旅

をしているという思いで、走りつづけた。

厳しすぎる走行にいつ断念してしまうのかという不安が、いつも頭から離れなかった。

その旅もいよいよ終わりに近づいてきた。

しかし、思いはいつの間にか、日本で可愛がっていた猫たちに戻っていく。出発の前日、車に巻き込まれたと思い込んでいたチー君の姿を目の前にして、まるで夢でも見ているような気分で日本を出発したこともあって、チー君の姿が頭の中を駆けめぐる。


昼、タイ料理店で最後の食事を済ませ、オーナーに別れの挨拶をして、ユースに戻る。


午後二時過ぎ、いよいよ出発だ。幸いに晴になってくれたが、歩くには少し暑すぎるかもしれない。自転車用バッグ二個を両手に持ち、ザックを背負い、ユースの辺りの光景をしっかり記憶にとどめるように見つめながら、バイクショップに向かって歩き始める。アムステルダム・アベニューを北に歩き、右折してしばらく歩くと店の前だ。オーナーに声をかけて、段ボール箱入りの自転車を店の前に運んでもらう。オーナーと道路脇に立って、タクシーを探す。二〇分ほど待って、やっとつかまえる。タクシーが走り始める。セントラルパークの緑を横目で眺めているうちに車はハーレム方面に向かい、にぎやかな通りを走った後で、橋を渡る。やがてマンハッタンが次第に遠ざかっていく。

車の溢れる光景を眺めているうちに、日本に帰れるという思いが高まってきて、また猫たちの姿を思い浮かべ始める。

「これでチー君に会えるね」と弾むような気持ちになって、心の中のチー君に話しかける。長くて、つらい旅はようやく終わった。

あとがき

アメリカを自転車旅行してみたいと考え始めたのは、自転車の魅力に取りつかれた五十歳の頃だった。ルート66を走って、かつての繁栄した時代の町並みを眺めながらノスタルジックな雰囲気にひたりたいというのがその動機だった。

しかし、海外の自転車旅行の経験がない自分には、アメリカは自転車旅行をするにはあまりにも危険すぎる国に思えて、チャレンジする勇気がわかないままに時は流れ、いつの間にかその夢は完全に消えてしまった。

ところが、三度にわたってヨーロッパを自転車で旅をしているうちに、かつての夢を実現したいという思いが少しずつふくらみ始め、いよいよチャレンジの時がやってきた。サンタモニカを出発して間もなく灼熱のモハーヴェ砂漠と苦闘しながらなんとか切り抜けたのだが、すぐに高地の旅となっていく。気候、地形などの厳しさが予想をはるかに超えていたこともあって、旅の冒頭からいくつもの難所に遭遇するつらい旅となってしまった。それでもルート66を走りつづけ、なんとかセントルイスに着き、そこからニューヨークを最終目的地にしての新たな旅が始まった。

暑さ、寒さ、強い風、繰り返し現れる坂道、慢性的な疲労感に悩まされ、途中で断念してしまうかもしれないという不安と闘いながら、やっとニューヨークにたどり着くことができた。

人が幸福を感じるのは、安逸な状態や満ち足りている時だけというわけではない。山登りなどのハードなスポーツをやっている時のように肉体的につらい状態でも幸福感にひたれることがある。

このことは身体的なものにかぎられているわけではなく、たとえば貧乏旅行みたいな物質的に欠乏した状態にも当てはまるようだ。

長旅は一時的な窮乏生活を体験することでもある。持っているものといえば、わずかの衣類の他はノートやパソコン、カメラ以外には身のまわりのものはなにもない。洗濯するにも洗剤もない。干すためのロープもない。食べたいものも満足に食べられない。前日にテイクアウトしたハンバーガーなどは普段だったら捨ててしまうゴミでしかない。旅の間は毎日そのゴミを食べつづけるのだ。なにか困ったことが起きても有り合わせのものでなんとか工夫するしかないし、金も存分に使えないといった状態が、緊張感をもたらす。

少し大げさになるかもしれないが、いわば命ぎりぎりに過ごしているという飢餓感が、弛緩しきった自分にあらためて生きていることを確かめさせ、生命力を覚醒させてくれるのだ。

愛するものの心に占める大きさに気づくのはそれを失った時のように、人は欠乏の状態に身を置くことによって、金や物の意味や価値を知るようになる。

「四十過ぎての道楽と七つ下がって降る雨はやみそうでやまぬ」ということわざがある。夕方から降り出した雨がなかなかやまないように、若い頃、堅物で通っていた人間が、中年になってギャンブルや女性などの道楽を知ると見境ない状態になってしまうという意味なのだが、自転車の旅に魅せられた自分がまさにそうだった。若い頃の引っ込み思案で、旅嫌いだったことへの反動がいっきょに吹き出してしまったようだ。

思い残すことがないように、この世界の一端をほんのわずかでも自分の体で触れておきたいという本能めいたものに加えて、ひとり旅を通して人生を振り返ってみたいという気持ちがそうさせているのかもしれない。

ところで、本文に何回も登場した猫たちのことについて書いておかなければならない。

帰国した日、空港から自宅に着くとさっそく自転車で猫たちに会いに出かけた。チー君には会えなかったが、小さな観音堂に住んでいる地域猫のトラ吉には再会できた。トラ吉のなんともいえないほどの美しさで輝いている澄み切った水晶体の目を見つめながら、いつもそうするように頭や喉の辺りを静かに撫でてやる。目をつむって、いかにも気持ちよさそうにしているトラ吉の姿がいつものように幸せな気分にさせてくれた。

そのすぐそばに住む放し飼いの飼い猫のチャーとポコとも久しぶりの交遊を楽しんだ。

それからは旅行前と同じように、一日二回のウォーキングの行き帰り、猫たちと戯れる日々は復活した。

ところが、いちばん気になっていた野良猫のチー君は、しばらくして見かけたのだが、そばに寄ろうとしても逃げてしまうのだった。こちらの姿を忘れてしまって、まったくの野良猫に戻っていたのだ。姿を見かけなくなったので自転車で辺り一帯を探し回ったりするのだが、まったく手がかりがつかめなくなった。

チー君を探しているうちにやがて九月十九日となった。その日の夜、自宅に電話がかかってきた。お堂の前でよく立ち話をしていたトラ吉ファンの女性のご主人からだった。トラ吉が車にはねられて亡くなり、遺体は自宅に引き取っていることを伝えられた。その日は四回もトラ吉に会って、エサを与えたり体をなでてやったりして、最後に別れてから数時間経ったばかりだったこともあって、悲しみが体中に溢れて、話を聞くのが精一杯だった。たまたま、その前日に筥崎宮で開かれていた生きものたちの慰霊祭、放生会に出かけて、トラ吉の長寿をお願いしたばかりだったことがいっそう悲しみを深めさせた。

翌日、その方のお宅を訪問した。玄関の上がり框には、バスタオルにくるまれたトラ吉が横たわっていた。目を大きく見開いたままのトラ吉は微動だにしないで、あの透明度の高いガラス玉のような水晶体の目でなにかをみつめたままだった。

体には一見して特段変わった様子もなく、目を開いたままの様子が苦しまない最後だったことを教えられて、わずかに慰められただけだった。

台風が去った九月二十三日、お堂を訪れ、生前のトラ吉を可愛がっていただいた皆さんへの感謝の言葉とともにトラ吉逝去のお知らせを壁に貼り、写真を祭壇に置いて冥福を祈った。

翌日お堂を訪れてみると、祭壇にはたくさんの写真やキャットフードが供えられていて、周りから愛されていたことをあらためて知らされて、涙が溢れてとまらなくなってしまった。

（トラ吉が地域住民から親しまれていた様子は、後日新聞でも報道された）

トラ吉を失った悲しみに耐えながらチー君を探し回って、三か月ほどが経った十一月のある日、以前エサをあげていた那珂川沿いの空き地のそばでやっとチー君を見つけた。夢にまで見たチー君との再会だった。警戒心が強くなっていたのだが、翌日からその場所に通いつづけて、なんとか餌付けに成功するとそれから毎日、その場所でチー君に会うようになった。大きく成長したチー君は踏切のそばで可愛がっていた頃のようになついてくれるようになった。エサを与えた後にいかにも満足した様子でお腹を見せながら体をクネクネしたりする仕草が可愛らしくて、その姿を眺めるのが毎日の愉しみとなった。

チー君との心の弾むような交流はつづいたが、年の明けた一月五日、その前日にチー君が姿を見せなかったことに不安を感じながら、いつもの空き地に出向いた。

その場でいつもするように舌を鳴らす合図をすると河川敷に向かっている小道の下の藪の中からチー君がよろよろしながら現れた。あまりの元気のなさに一瞬異変を感じて、思わず両手でだき上げて少し運んで降ろしてやったのだが、チー君はそのままへたり込んでしまった。自分の体を支えるだけの足の力を失っていたのだ。はっと息を呑みながらチー君を見つめたその瞬間、チー君はまた弱弱しい足取りで藪の中に姿を消していった。深い藪の中に潜り込んでいったチー君を見つけられないまま呆然としながら、その場を去るしかなかった。

その翌日、高まった不安を抱きながらその場を訪れていつもの合図をしたのだが、チー君は現れなかった。その後チー君が元気な姿を見せることを祈るように願いながら毎日通いつづけたのだが、二度目の奇跡はついに起きてくれなかった。

トラ吉を失った悲しみがまだ癒えないうちに、いちばん可愛がっていたチー君とのあまりにも寂しく、哀しい唐突な別れが待っていたのだ。

だれからも看取られずにひっそりとこの世から去っていったチー君のことがあまりにも不憫に思われて、その日から悲しみにくれる日々となった。

その日から「猫は死ぬ前には、世話になった人の前にお礼を言うために必ず姿を現しますよ」トラ吉のお堂の前で何匹もの野良猫の世話をしてきた、同年配の男性から聞かされた言葉とともに、雨に打たれながら道端に坐って私を待っていてくれたチー君の姿がいつまでも頭から離れないでいる。

残された猫はチャーとポコの二匹だけとなってしまったが、悲しみを少しでも忘れるためにウォーキングの途中で猫たちに会うことは相変わらず欠かさなかった。そのうち、コロナウイルスが流行り始めた二月末になった頃、しばらくウォーキングを中止することにして、猫たちとも会えなくなってしまった。

五月になった頃、ようやくウォーキングを再開して、さっそく猫たちに会いに行ったのだが、ポコの姿が見えなくなっていた。不審に思って飼い主さんに尋ねると
「二月の末頃、ポコは体調が悪くなったらしく、しばらく家の中にいたんですけど、そのうち鳴きつづけて外に出たがったので放してあげたら、そのまま戻ってきませんでした」との答え。猫が亡くなる時には身を隠してしまうことを思い出し、またもや悲しみに打ちひしがれた。

四匹いた猫たちもチャーだけになったこともあって、チャーのことがいっそう愛おしく感じるようになった。飼い主さんの家の辺りにいるチャーを抱いて、すぐ隣にある公園に行き、ベンチに坐り、膝の上に乗ってくるチャーを歯ブラシでブラッシングしてやるのが日課になった。しかし、十七歳ということもあって老いは忍び寄っているらしかった。一年前のチャーには、飼い主さんのお宅の前で舌を鳴らす合図をすると二階の物干し台からそばの木を伝って降りてきたりする元気があったのだが、少し弱々しくなってきているように感じられた。猛暑がつづいたこともあって、食欲の落ちたチャーにキャットフードやミルクを少しずつ与えたりして過ごすようになった。

秋になって一時取り戻した食欲がふたたび落ち始め、いくらエサを与えてもほとんど口にしなくなったチャーに不安を感じながらベンチを後にした十一月十三日、夜になってようやく書き終えた原稿を編集部に送った。

その翌日、チャーの住まいの発泡スチロール製の箱にチャーが見えないのでチャーを探し回ったのだが、見つけられないままで終わってしまった。チャーがいないことに不安げな表情の飼い主さんにもチャーの心当たりはなさそうだった。不安にかられながら、毎日通ってチャーを探しつづけたのだが、二度とその姿を見ることはなかった。チャーは原稿の完成を見届けるようにして、この世を去ってしまったのだ。

またもや、悲しみに沈んでしまったのだが、チャーの最期の日々を一緒に過ごせたことで幸せだったと思うしかなかった。

これほどまでに猫たちに特別な愛着を持っていたのは、お互いにこの世に命を授かって、生かされているという同じ運命を担っていることに親しみを感じていたからだ。

猫に接する時はいつも体をなでてやりながら「お前は、なんのためにこの世に生まれてきたんだろうね」と少し失礼な問いかけをしたりするのがいつものことだった。

つい、生きる意味を考えたりして、いつも迷いながら生きてきた自らの癖が出てしまうのだ。問いかけるたびに猫は「生きることに意味なんかを求めたりしちゃだめだよ。ただ、自分の運命を受け入れて、あるがままに生きるだけでいいんだよ」と静かに教えてくれているような気がした。そんなこともあって、私にとって、猫たちがかけがえのない友達になっていたのだ。

猫を失った悲しさにぼんやりと日々を過ごし、時が少しずつ心を癒してくれるのを待つしかなかった。そのうち、なんとかこの猫たちのことを旅行記の片隅に書き残してやれたらという気持ちに支えられながら、やっと書き上げることができた。

猫たちのことをつい長々と書いてしまった。ビザの申請などの旅の準備をし始めた頃に出会い、出発の前日の夕方にチー君と衝撃的な再会をして、ずっとかれらのことを思い浮かべながら旅をつづけた。そして帰国後に相次いで別れを体験したこともあって、旅のことを考えているとどうしても猫たちとの思い出が重なってしまうのだ。

海外を自転車旅行するようなタイプは、運動能力に優れ、たくましさに溢れているというイメージがあるかもしれないが、実際の私は運動音痴だし、猫たちとの別れのつらさをいつまでも引きずっている姿はなんとももろくて弱すぎる人間としか思えない。

この本は、どこにでもいるようなそんな弱虫がなにを思い、なにを感じながら旅をつづけたのかを書き綴った記録として、読んでいただければ幸いと思っている。

最後に、この上ない喜びを与えてくれた四匹の猫たちへの感謝の言葉とともに、かれらの冥福を祈りながら筆を置くことにしたい。

出版にあたっては未知谷編集部の飯島、伊藤両氏にあらためて感謝の言葉を申し上げる。

いしおか みちたか

1948年福岡県生まれ。早稲田大学法学部卒。2007年まで独立行政法人に勤務。主に沖縄でのサイクリングを愉しんでいたが、2008年にはポルトガルからポーランドまでの自転車でのヨーロッパ横断、2012年にはヨーロッパ縦断を体験。著書『ロバは自転車に乗って』『ロバはまだ自転車に乗って』『ロバは三度自転車に乗って』（未知谷）。

ロバのアメリカ横断自転車旅行
息も絶え絶え旅日記

2021年3月18日初版印刷
2021年3月30日初版発行

著者　石岡通孝
発行者　飯島徹
発行所　未知谷
東京都千代田区神田猿楽町２丁目5-9　〒101-0064
Tel. 03-5281-3751 / Fax. 03-5281-3752
［振替］　00130-4-653627

組版　柏木薫
印刷所　ディグ
製本所　牧製本

Publisher Michitani Co, Ltd., Tokyo
Printed in Japan
ISBN 978-4-89642-634-2　C0095